महान् व्यक्तियों की सफलता के 8 विशेष गुण

कॅमेरॉन सी. टेलर

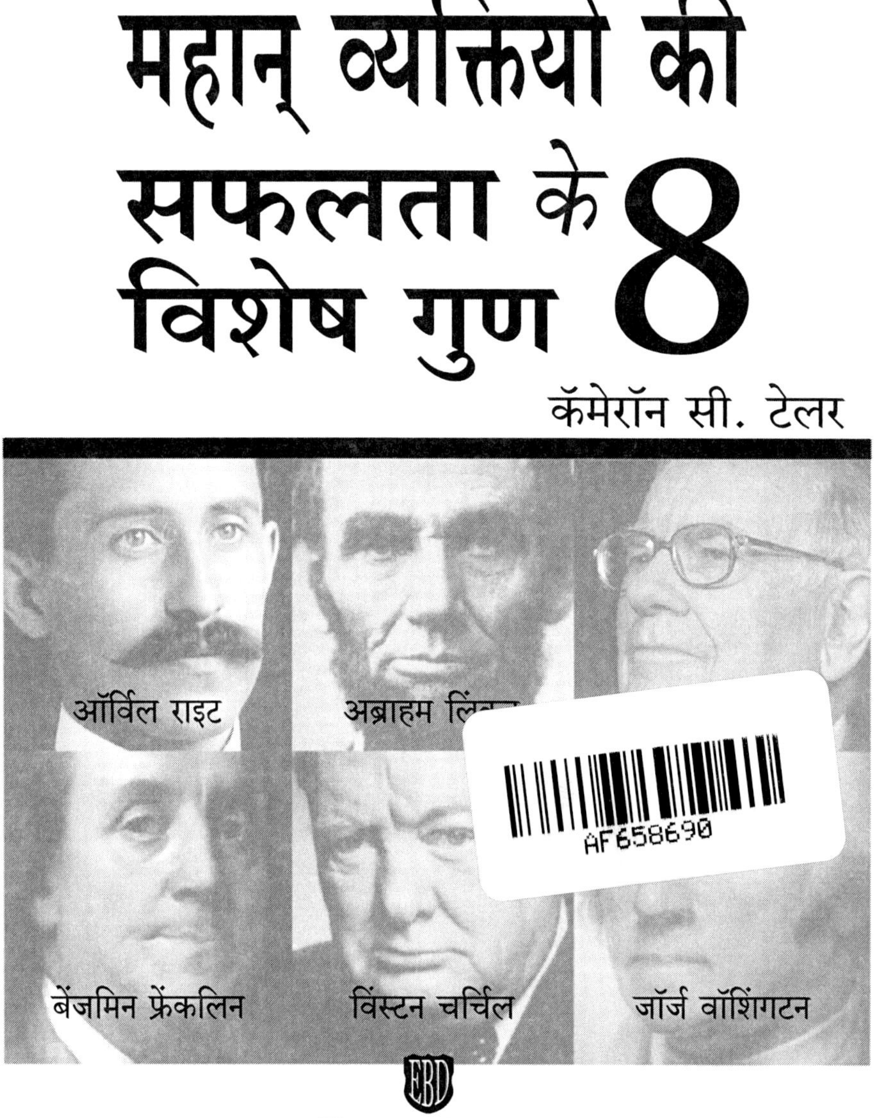

EBD
EMBASSY BOOKS
www.embassybooks.in

महान् व्यक्तियों की सफलता के 8 विशेष गुण

कॅमेरॉन सी. टेलर

Originally published in the United States by:
Tremendous Life Books
206 West Allen Street
Mechanicsburg, PA 17055
USA
www.TremendousLifeBooks.com

First published in India 2010

Hindi Translation : Vidyadhar Modi

Published in India by :
EMBASSY BOOK DISTRIBUTORS
120, Great Western Building,
Maharashtra Chamber of Commerce Lane,
Fort, Mumbai - 400 023.
Tel : (+91-22) 22819546 / 32967415
Email : info@embassybooks.in
Website: www.embassybooks.in

ISBN 13: 978-93-80227-54-2

Printed at Repro Knowledgecast Limited, Thane.

अपनी पत्नी पावला को –

उसकी ओजस्वी क्रियाशीलता, स्नेहभरा सहयोग और निरन्तर अपनेपन के लिए.

ऐसा जीवन–साथी पाकर मैं धन्य हुआ.

विषय सूची

भूमिका

सैकड़ों सफल व्यक्तियों की जीवनियों को पढ़ते हुए मुझे ज्ञात हुआ कि उनमें से प्रत्येक की उपलब्धियों के लिए कुछ गुण ऐसे थे जो समान रूप से सबों में थे या अब भी हैं. वही उनकी सफलता की नींव भी थे. अनेकों बार हम उनकी महान् उपलब्धियों को देखकर यह समझ लेते हैं कि उनमें कोई असामान्य बुद्धिमत्ता या विशेषता है और हम उनकी सफलता को कभी नहीं दोहरा सकते हैं. मगर महान् व्यक्तित्व जन्मजात वैसे नहीं होते, उन्हें उस प्रकार से विकसित किया जाता है. प्रत्येक महान् उपलब्धिकार ने उन विशेषताओं को पाने के लिए आजीवन, निरन्तर, प्रयत्न किए होते हैं. जैसे, युवावस्था में वाशिंगटन ने स्वयं अपनी लिपि में, आदर्श जीवन के सिद्धान्तों को लिखा था और फिर उसके अनुसार जीवन बिताने का प्रयत्न करते रहे.[1]

बेंजमिन फ्रेंकलिन ने अपनी आत्मकथा में तेरह गुणों को पाने की इच्छा प्रकट की थी. फिर उन्होंने उनमें से प्रत्येक को विकसित करने की पद्धति का ज्ञान इस प्रकार से लिखकर दिया था, ''मेरी इच्छा इन सभी गुणों की आदत डालने की है, अत: मैंने सोचा कि इन सभी को एक साथ सीखने का प्रयत्न करके अपनी एकाग्रता को भंग करने के बदले मैं एक बार में एक गुण पर ध्यान दूँ तो अच्छा होगा... मैंने एक छोटी-सी डायरी बनाई जिसमें प्रत्येक गुण को एक पेज दिया. मैंने हर पृष्ठ पर लाल स्याही से लाइनें खींचीं, जिससे सात कॉलम बन गए जो सप्ताह के प्रत्येक दिन के लिए एक था. फिर उस कॉलम को दिन के प्रथमाक्षर से अंकित किया. इन कॉलमों को तेरह लाल रेखाओं से विभाजित किया. उन रेखाओं के आरम्भ में उस विशेष गुण के प्रथमाक्षर को लिख दिया. उस लाइन पर, सही कॉलम के नीचे, मैं एक काला डॉट बना देता यदि उस दिन मैंने उस गुण के विपरीत कार्य किया होता. मैं दृढ़तापूर्वक, बारी-बारी से, प्रत्येक गुण को सात दिनों का समय देता. इस प्रकार से प्रथम हफ्ते मेरा सारा ध्यान उत्तरदायित्व को निभाने के बीच में आ रहे दोषों से बचने में लगा रहता. अन्य गुणों को उनके सामान्य हाल पर छोड़ देता. हाँ, रोज शाम को दिन भर की कमियों को अवश्य लिखता था. इस प्रकार से, यदि प्रथम हफ्ते मैं अपनी प्रथम पंक्ति 'उ' को बिना काले धब्बे के रख सका, तो मैंने मान लिया कि मैंने अपने प्रथम गुण की आदत को बहुत बलवान बनाया था और उसके विपरीत बातों

को निर्बल. फिर मैंने अपना ध्यान अगले गुण तक बढ़ा दिया और अगले सप्ताह उन दोनों रेखाओं को काले धब्बे से रहित रखा. इस प्रकार से अंतिम स्थान तक पहुँचते-पहुँचते मैंने तेरह सप्ताह के एक पाठ्य-क्रम को पूरा कर लिया और साल भर में चार फेरे लगाए. और उसके समान जिसके पास अनचाही झाड़ियों को छाँटकर उखाड़ने के लिए बगीचा है, मगर जो एक बार में सारा उपवन साफ नहीं करता है, क्योंकि यह अपनी शक्ति और सामर्थ्य को उलाँघने जैसा हो जाएगा, और जो अपनी एक क्यारी को एक बार में साफ करता है. पहले की सफाई के बाद वह दूसरी के पास जाता है. इसी प्रकार से मुझे भी प्रयत्न करना चाहिए, और मैंने आशा की कि मैंने अपने गुणों को पाने में जो विकास किया है, उसके प्रेरणादायक उत्साह को मैं आगामी पृष्ठों में देख सकूँ.''[2]

यह पुस्तक आपको चरित्र-निर्माण के उन गुणों को पाने में सहायता करेगी जिनके कारण आप भविष्य में महान् कार्य करके उपलब्धियाँ पा सकेंगे. संस्थानों को कौन से गुण महान् बनाते हैं इसे बताने के लिए *गुड टू ग्रेट* के लेखक जिम कॉलिन्स ने पता लगाया है कि ''गुड-टू-ग्रेट संस्थान चारित्रिक गुणों पर विशेष जोर देती हैं बजाय विशिष्ट शैक्षणिक पृष्ठभूमि, व्यावहारिक ज्ञान, दक्ष बनानेवाली विद्या अथवा कार्यानुभव के.''[3]

पुस्तक में वर्णित 8 चारित्रिक विशेषताओं पर कुशलता प्राप्त करने के प्रयास आपको उच्च कोटि की प्रवीणता को बनाए रखने में मदद करेंगे और आपके सर्वाधिक मूल्यवान स्रोत – 'आप' को विकसित करेंगे.

विशेष गुण 1 : उत्तरदायित्व

"महानता का मूल्य उत्तरदायित्व होता है."

– विंस्टन चर्चिल

अध्याय I

चुनाव एवं उसके परिणाम

''चुनी गई हर बात का एक परिणाम होता है. वह चाहे अच्छा हो या बुरा, वह पहले की गई क्रिया का परिणाम होता है और उससे बचना भी सम्भव नहीं होता. इसका अपवाद भी नहीं मिलता. यदि आप स्वीकार कर सकें कि गलत पसन्दगी में स्वयं को दण्ड देने के बीज छिपे रहते हैं, तो इस सच को भी क्यों नहीं मान लेते कि अच्छी बात को चुनने से हमें मनमाफिक फल भोगने को मिलते हैं ?''

– गॅरी रायन ब्लेयर

हर बार जब हम कोई पसन्दगी करते हैं, हम या तो सफलता के नियम को मान रहे होते हैं, अथवा उसका तिरस्कार करते हैं. जब हम सफल सिद्धान्तों को मानते हैं तो आनन्द, शान्ति, सामर्थ्य, स्वाधीनता और समृद्धि के क्षेत्र में पहुँच जाते हैं. और जब सफलता के सिद्धान्तों को नहीं मानते तो विषाद, शक्तिहीनता, दासता के बोध एवं दुख से घिर जाते हैं. हर पल हम इन दो परिस्थितियों में से एक की ओर बढ़ते रहते हैं. यह चुनने की भेंट एक आग के समान होती है : यदि उसका सही उपयोग किया जाए तो वह जीवन और ऊष्मा देती है; और उसे यदि लापरवाही से हम काम में लाएँ तो जला – यहाँ तक कि मार भी सकती है.

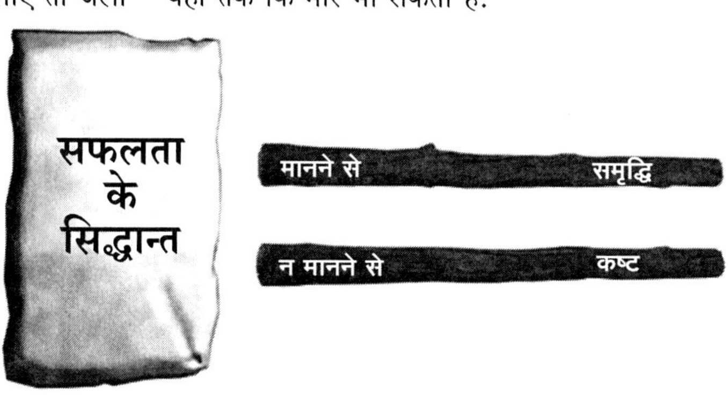

प्रत्येक चुनाव के साथ एक परिणाम जुड़ा रहता है. फिर चाहे जितने तर्क या शिकायतें परिणाम को नहीं बदल पाते हैं. यदि आप चुनने की छड़ी के एक कोने में पसन्द को रखेंगे तो उसके दूसरे छोर पर उस पसन्द के परिणाम होंगे जिन्हें आप अपने आप पसन्द कर लेते हैं.

खेत का उदाहरण

खेत में हम जो बोते हैं, उसी की फसल कटती है. यदि हम मकई बोएँगे तो तरबूज़ नहीं पा सकेंगे. इसी प्रकार से, इस जीवन में भी हम वही पाते हैं, जो बोते हैं. हमारी रुचियाँ हमारे बीज हैं और परिस्थितियाँ हमारी फसल. कई बार, हम अपनी पसन्द की परिस्थितियों को चुनने का प्रयत्न करते हैं या किसी चुनाव की क्या परिस्थिति होगी, उसका गलत अनुमान लगा लेते हैं. सम्भव है हम चाहें कि प्रतिदिन 10,000 कॅलरीज़ खाना खाएँ, फिर भी वजन न बढ़ सके. हम सिगरेट पिएँ, फिर भी फेंफड़े का केंसर हमें न हो. सम्भव है हम सफलता के नियमों को भंग करके भी स्वाधीनता और समृद्धि पा जाएँ. मगर यह सब उतना ही मूर्खतापूर्ण होगा जितना किसान का मकई बोकर तरबूजों की फसल की राह देखना. कुछ लोग आर्थिक सम्पन्नता धन के नियमों को जाने बिना पाना चाहते हैं. यह उतना ही मूर्खतापूर्ण होगा जितना बिना खेती किए विशाल उपज की आशा करना.

मनुष्य आशा करता है कि किसी कार्य को करके उसे आश्चर्यजनक परिणाम मिलेंगे. हम कम-से-कम, या बिना प्रयत्न किए, अधिक परिणामों की आशा करते हैं. यह प्रवृत्ति उन लोगों में अधिक देखने को मिलती है जिन पर कर्ज का बोझ अधिक होता है और फिर, वे उस उत्तरदायित्व से दिवाला निकालकर या गलत निर्णय लेकर, नशे की गोली खाकर छुटकारा पाने का प्रयत्न करते हैं, बजाय स्वभाव को बदलने के, जिसके कारण वे लक्षण प्रकट हुए हैं. हमें अपने कार्यों को बदलना चाहिए क्योंकि हम उन परिस्थितियों को नहीं चुन सकते हैं. हमें तत्परता एवं योग्यता से उत्तरदायित्व को स्वीकार करने से नहीं बचना चाहिए जो हमारे कार्यों के परिणाम होते हैं.

अनेक विकल्पों का विरोधाभास

हम सबों ने किसी को स्वाधीनता की परिभाषा इस प्रकार से करते सुना होगा, ''किसी का अधिकार नहीं है कि मुझे वह बताए कि मुझे क्या करना चाहिए. मैं अपने जीवन का स्वयं मालिक हूँ. स्वतंत्र रहने के लिए मुझे नियमों में बँधकर नहीं रहना चाहिए.'' सफलता के नियम हमें सीमा में बाँधकर नहीं रखते. वे तो आनन्दपूर्ण प्रवास का नक्शा होते हैं. इन नियमों को तोड़ना स्वाधीनता नही है; वह तो बन्धन, दुख और विपत्ति होता है. जो इन कायदों को पालते और जानते हैं वे स्वतंत्रता, सुख और सम्पन्नता भोगते हैं. अत: सफलता के नियमों का पालन करने से स्वाधीनता आती है.

सही वस्तु को चुनने के हमारे उचित सामर्थ्य के कारण हमें अनेकों विकल्पों को चुनने का अवसर मिलता है. उसका दुरुपयोग विकल्पों की संख्या कम कर देता है. जब-जब हम किसी वस्तु को चुनते हैं, चुनाव की बढ़ी हुई विविधता के कारण अथवा उसके अनुराग का मार्ग भटक जाने से हमारी पसन्द की वस्तुओं की संख्या भी कम हो जाती है.

बेंक का रूपक

''यदि कोई व्यक्ति किसी बेंक को लूटने का निश्चय करता है तो उसे कानूनन बन्दी बनाया जा सकता है. इस प्रकार से वह व्यक्ति न सिर्फ बेंक लूटने में असमर्थ हो जाता है बल्कि भविष्य में भी कायदे से की जानेवालीं अनेकों गति-विधियों को भी नहीं कर पाता है. बगीचे में घूमने जाना, भले ही कानूनन वैध हो पर बन्दी बनने के बाद, उसकी पसन्द से वह दूर हो जाता है. इससे विपरीत बात भी उतनी ही सही है. यदि कोई व्यक्ति बेंक खोलकर, जी-तोड़ मेहनत करे और कानून की सीमा में रहे, तो वह ऐसे अवसर पा सकेगा जो उसने पहले कभी नहीं पाए थे. एक कानून से बँधा सफल व्यवसाय अनेकों अतिरिक्त कार्यों के लिए पूँजी जुटा सकता है, जिसे वह आदमी बेंक में काम करने से पहले कभी नहीं कर सका होता.''[4]

कैदियों से वार्तालाप

एक जेल में कैदियों के समूह से बातें करते समय मैंने एक वॉलेंटियर कैदी से उसके सपनों के संसार का वर्णन करने को कहा. दीर्घ विराम के बाद, सोचते हुए उसने कहना शुरू किया. मैं उसके विविधरंगी सचित्र वर्णन को सुनकर चकित रह गया जब उसने अपने सफल कार्यकाल, सुन्दर घर और सुखी परिवार का वर्णन किया.

इस पर मैंने उससे पूछा, ''फिर तुम जेल में क्यों हो ?''

कैदी ने उत्तर दिया, ''नशाखोरी के कारण.''

फिर मैंने उससे पूछा, ''क्या नशा तुम्हें अपने सपनों की दुनिया की ओर ले जा सकेगा अथवा उससे दूर ले जाएगा ?'' मैं उसके जवाब को कभी नहीं भूल पाऊँगा,

''मुझे दोनों बातें चलेंगी.''

मैंने यह कहकर जवाब दिया, ''क्या होगा यदि तुम अपने नंगे हाथों से गर्म स्टोव को छुओगे?''

कैदी बोला, ''मैं जल जाऊँगा.''

मैंने आगे कहा, ''अगर तुम जलना नहीं चाहते तो क्या करोगे? तुम गर्म स्टोव को हाथ लगाकर भी नहीं जलो, इसके लिए क्या करोगे ?'' उसने इन्कार में उत्तर दिया.

फिर मैंने उसे समझाया कि हम पसन्द कर सकते हैं कि गर्म स्टोव को हाथ

लगाएँ या नहीं, मगर यह नहीं चुन सकते कि जलें नहीं. हम अपने कार्यों को चुन सकते हैं मगर उन चुनावों के परिणामों को नहीं चुन सकते. जलना गर्म स्टोव को छूने का एक प्राकृतिक नियम है, जिस प्रकार से गैरकानूनी नशे की दवाइयों में उलझना.

इस पर कैदी ने उत्तर दिया, ''मैं जेल में हूँ, मेरे पास पैसे भी नहीं हैं, मेरा डायवोर्स हो चुका है और मैं शायद ही कभी अपने बच्चों से मिलता हूँ. यदि आप इतने ही चतुर हैं तो मुझे बताएँ कि मैं इन सब को कैसे बदल सकता हूँ?''

मैंने आगे कहा, ''हमारा जीवन नियमों से बँधा हुआ है, उसी के द्वारा संचालित होता है जैसे, गुरुत्वाकर्षण का नियम. एक बालक भले ही इस नियम से अनजान हो, फिर भी गिर पड़ेगा यदि वह किनारे से कूदता है. जो नियम धन, स्वास्थ्य और सम्बन्धों को संचालित करते हैं, वे भी स्पष्ट हैं और उसी प्रकार से हमें बाँधे हुए हैं जैसे पृथ्वी को गुरुत्वाकर्षण. हम उन नियमों को जानें या नहीं, वे सदैव उसी प्रकार से कार्यशील रहते हैं. हमारी सफलता या विफलता, हमारा सुख या दुख हमारे ज्ञान और उन नियमों के सही प्रयोग पर निर्भर करता है.''

इस पर कैदी ने पूछा, ''तो फिर कुछ लोग, अमीर और कुछ गरीब क्यों हैं?''

मैंने उत्तर दिया, ''कुछ लोग शारीरिक रूप से तन्दुरुस्त और कुछ मोटे क्यों हैं ?'' मैंने समझाया कि लोगों का स्वास्थ्य इसलिए अलग-अलग प्रकार का होता है क्योंकि उन्होंने अलग-अलग मार्ग चुन रखे हैं. किसी ऐसे व्यक्ति की कल्पना करें जिसके पास खूब धन है, मगर साथ में मोटा भी है. इस व्यक्ति ने धन के नियमों को तो समझ लिया है मगर स्वास्थ्य के नियमों को नहीं पालता है. ऐसा ही कुछ उस व्यक्ति के बारे में भी कहा जा सकता है जिसने उत्तम स्वास्थ्य पाया है, मगर जो गरीब है. उन लोगों ने तन्दुरुस्ती के कायदों को तो सीखा मगर कमाई के नियमों को नहीं सीख पाए. महान् समाचार तभी होगा जब आप जीवन के सभी क्षेत्रों को उनके नियमों के अनुसार जी कर सफल बनाएँगे.

कैदी ने आगे पूछा, ''आप सचमुच सफल हैं - क्या मैं भी सफलता पा सकता हूँ.''

उत्तर में मैंने कैदी से उस टेबल पर चढ़ने को कहा, जिसके पास वह बैठा था और मैं कमरे के सामने रखी टेबल पर चढ़ गया. फिर मैं बोला, ''तीन की गिनती होते ही टेबल पर से नीचे कूद पड़ना. एक-दो-तीन.'' हम दोनों कूदे और फर्श पर

गिरे. मैंने आगे पढ़ाना जारी रखा कि गुरुत्वाकर्षण के नियम ने हम दोनों पर एक-सा प्रभाव रखा था. उसने न उम्र देखी, न लिंग-भेद किया, न जाति देखी और न हमारी शिक्षा और पालन-पोषण पर ध्यान दिया. यही सफलता के नियमों पर भी लागू होता है. वे आज भी वही हैं, जो पहले थे और भविष्य में भी वैसे ही रहेंगे. इनके प्रति हमारा ज्ञान घट-बढ़ सकता है मगर उनके सिद्धान्त और प्रयोग कभी नहीं बदलेंगे. कोई भी सफलता पा सकता है क्योंकि हर कोई उन्हें सीख सकता है और उन्हें व्यवहार में ला सकता है.

हम जो बनना चाहते हैं, उसे चुनने की हम सबों में शक्ति है. प्रत्येक पुरुष और स्त्री समान रूप में जन्म लेते हैं, मगर बाद में ज्यों-ज्यों वे निर्णय लेते हैं, असमान होते जाते हैं. हर कोई नियम को अलग तरीके से समझता है. कोई सॉफ्ट बॉल खेलना चाहता है तो कोई और व्यवसाय आरम्भ करना चाहता है. एक टीवी देखना चाहता है तो दूसरा पुस्तक पढ़ने का चुनाव करता है. कोई अपनी छुट्टी के दिन गोल्फ खेलना चाहता है तो कोई और, अपने परिवार के साथ दिन बिताना चाहता है. काम पर जाते समय कोई रेडियो सुनना पसन्द करता है तो किसी को ऑडियो की पुस्तकें सुनना अच्छा लगता है. हम पैदा समान हुए थे, मगर वर्षों बाद, विपरीत जीवन जीने लगते हैं. सिर्फ इसीलिए क्योंकि हम नियमों को भिन्न प्रकार से जीते हैं. बातें सब सीधी-सादी हैं. सफलता के नियमों का पालन हमें आशावादी परिणाम देता है.

फिर जेल के एक गार्ड ने पूछा, ''आपने पिछले साल कितना धन कमाया था ?''

मैंने उत्तर दिया, ''आपने कितना कमाया था ?''

गार्ड बोला, ''30,000 डॉलर.''

मैंने उसके प्रश्न का उत्तर यह कहकर दिया, ''मैंने तुमसे दस गुना अधिक धन पिछले वर्ष कमाया था. क्या तुम सोचते हो कि मैं तुमसे दस गुना अधिक चतुर हूँ या दस गुना अधिक अच्छा हूँ ?''

गार्ड ने उस प्रश्न को सुनकर विचार किया फिर बोला, ''नहीं, आप मुझसे दस गुना अधिक अच्छे या चतुर नहीं हैं.''

अपनी बात को स्पष्ट करने के लिए मैं आगे बोला, ''तुममें और मुझ में कोई फर्क नहीं है. मैंने सिर्फ अर्थशास्त्र के कुछ नियम सीखे हैं. जैसे विवाहित जीवन

की सफलता के लिए कुछ नियम होते हैं, कुछ आध्यात्मिक सफलता के लिए होते हैं और कुछ नियम आर्थिक सफलता के होते हैं. यदि कोई व्यक्ति चाहे तो अपनी कमाई को, इन धन के नियमों को सीखकर और पालन करके आश्चर्यजनक रूप से बढ़ा सकता है.''

वर्षों बाद, मैं चॅम्बर ऑफ कॉमर्स की एक मीटिंग में गया जहाँ मैंने जेल के उस निवासी को पहचाना जिससे मैंने बातें की थीं. उसने मेरे निकट आकर कहा, ''जेल में आकर मुझ से मिलने के लिए मैं आपका अत्यन्त आभारी हूँ; आपके उस सन्देश ने मेरा जीवन बदल दिया. मैं हमेशा सोचा करता था कि कुछ लोग इतना सम्पन्न जीवन कैसे पा लेते हैं जब कि मेरा जीवन इतना कष्टों से भरा है. मैं जीवन में सफल लोगों को देखता जिनके सुन्दर घर और सुखी परिवार होते हैं और आश्चर्य करता कि मेरा जीवन इससे विपरीत क्यों है. एक बार जब मैंने जान लिया कि सफलता के भी सिद्धान्त होते हैं, मेरा हृदय आशा और शान्ति से भर गया. मुझे अनुभव हुआ कि मुझे इन नियमों को सीखना भर है, फिर साहस, अनुशासन और हिम्मत के साथ उनका पालन करना है. एक बार मुझे यह बात समझ में आ गई तो मुझे भी ज्ञात हो गया कि एक दिन मैं भी अपने स्वयं के मकान में, सपनों के घर में रहूँगा. मुझ पर न कोई कर्ज होगा और मैं अपने बच्चों की और अपनी पत्नी की नज़रों में हीरो बन जाऊँगा. वह एक लम्बा रास्ता था, मगर मैंने अपने जीवन को बन्धनों और दुख-कष्ट से मुक्त करके जीवन में स्वाधीनता और समृद्धि को पा लिया था.''

अध्याय II

चुनने का सामर्थ्य

"किसी मनुष्य की सबसे सशक्त शक्ति है, चुनने की शक्ति."

– जे. मार्टिन कोह

कुछ लोगों का विश्वास है कि मानव अपने वातावरण की उपज है. सिग्मंड फ्रायड ने एक बार दावा किया था, "अनेकों भिन्न-भिन्न स्वभाव के लोगों को एक बार समान रूप से भूख का सामना करने दें. भूख की असह्य वेदना के बढ़ने के साथ-साथ, उनके आपसी मतभेद गायब होते जाएँगे और उसके स्थान पर एक समान, दृढ़ भावना प्रकट होने लगेगी."[6] विक्टर फ्रेंकल ने इस विचार का खण्डन किया था. नाज़ियों के सामूहिक कैदखानों के अपने अनुभवों को लिखते समय वे कहते हैं, "व्यक्तिगत विशेषताएँ" 'समाप्त' नहीं हुई थीं बल्कि इसके स्थान पर लोग अधिक परिवर्तित हो गए थे; उन्होंने अपने चेहरों के मुखौटे उतार दिए थे – दोनों प्रकार के लोगों ने – साधुओं ने भी, और शैतानों ने भी."[7] "पतन की सबसे बुरी कल्पना योग्य परिस्थितियों में भी, फ्रेंकल मनुष्य की मौलिक सिद्धान्तों को खोजने की वचनबद्धता के बोध को काम में लाते हैं. प्रेरणा के बिन्दुओं और प्रेरणा की प्रतिक्रिया के बीच उसके पास चुनाव की स्वाधीनता होती है."[8] सामूहिक कैदखानों के व्यक्ति ऐसी ही नकारात्मक परिस्थिति में थे, मगर अपनी प्रतिक्रियाओं और उसके द्वारा उत्पन्न कार्यों के कारण वे एक-दूसरे से बिल्कुल भिन्न थे.

द्वितीय विश्व युद्ध की समाप्ति के समय नज़रबन्दी शिविरों के बचे कैदियों को रिहा कर दिया गया था. अनेकों कैदी बहुत कमजोर और क्रोध से भरे हुए थे. एक केम्प में अमेरिकन सैनिकों को एक आदमी दिखा जो बलवान, सुखी और शान्त था. उसका गठन तना हुआ, आँखें चमकदार और शक्ति अडिग थी. सैनिक समझे कि उसे हाल ही में कैद किया गया होगा अथवा उसने उन मुसीबतों का सामना शायद नहीं किया होगा जिन्हें अन्य कैदियों ने भोगा था. जब उस कैदी से पूछा गया तो पता

चला कि ''पिछले छह वर्षों से वह भी उसी भूखा मारनेवाली खुराक पर जी रहा था, उन्हीं वायुरहित, बीमारियों से ग्रस्त बैरेकों में रहा था जिनमें अन्य लोग रहे थे, मगर न उसकी कोई शारीरिक अवनति हुई थी और न मानसिक पतन.''[9] किन बातों ने उसके जीवन में इतना अन्तर डाला था, इसे बतलाते हुए वह बोला, ''हम पोलेण्ड की राजधानी वार्सा में यहूदियों के साथ रहे थे. मैं, मेरी पत्नी और दो लड़कियाँ तथा हमारे तीन छोटे-छोटे बालक. जर्मन लोगों ने वहाँ पहुँचकर सभी को एक पंक्ति में खड़ा करके उन पर मशीन गन से गोलियाँ बरसाईं. मैंने अपने परिवार के साथ मरने की आज्ञा माँगी. मगर मैं जर्मन भाषा बोल सकता था, इसलिए उन्होंने मुझे कर्मचारियों के समूह के साथ रखा. मुझे उसी समय निर्णय करना था कि क्या मैं उन सैनिकों के साथ घृणा करूँ, जिन्होंने मेरे साथ वैसा व्यवहार किया था. वह सचमुच एक सीधा-सरल निर्णय था. मैं एक वकील था. अपने काम के दौरान मैंने अनेकों बार अनुभव किया था कि घृणा लोगों के मन-मस्तिष्क और शरीर को कितना अधिक नुकसान पहुँचाती है. घृणा ने ही अभी-अभी उन छह व्यक्तियों को मारा था जो मेरे जीवन में सबसे प्रमुख स्थान रखते थे. मैंने उसी समय निर्णय लिया कि मैं अब अपना शेष जीवन - चाहे वह कुछ दिनों का हो अथवा अनेक वर्षों का - सम्पर्क में आए लोगों से प्यार करके बिताउँगा.''[10]

हमारे अन्दर ही पसन्द करने की शक्ति निहित रहती है कि हम दुर्घटना की स्थिति को किस रूप में चुनें. हम दूसरों के कार्यों पर तो नियंत्रण नहीं कर सकते हैं, मगर हम अपनी प्रतिक्रियाओं को काबू में कर सकते हैं. जिस प्रकार से हम अपनी पसन्द करने की शक्ति को समझ सकते हैं, हम जान जाते हैं कि अब हमारी स्थिति हमारे नियंत्रण में है. हमारा जीवन परिस्थितियों अथवा पालन-पोषण का परिणाम नहीं है, बल्कि वह पसन्दगी और चुनाव का नतीजा है. हममें इतनी योग्यता है कि हम अपनी पसन्द के जीवन को चुन सकें और वैसा व्यक्ति बन सकें जैसा बनना चाहते हैं.

ताप-नियंत्रक बनाम तापमान मापक

चुनने के इस विचार को हम एक और प्रकार से भी समझा सकते हैं; थर्मामीटर एवं थर्मोस्टेट के बीच की समानता के द्वारा. थर्मामीटर स्थायी होता है और वह मात्र अपने आस-पास की परिस्थिति के परिवर्तन का ज्ञान कराता है. वह मात्र अपने

वातावरण के परिवर्तन का ज्ञान कराता है. यदि बाहर गर्मी है, तो वह बता देता है कि गरम है. यदि बाहर ठण्ड है तो वह अंकित करता है कि ठण्डक है. दूसरी ओर, थर्मोस्टेट मापता है कि कितनी ऊष्णता है, फिर इच्छित तापमान परिवर्तित करके ले आता है. यदि ठण्डे तापमान की हम इच्छा करते हैं तो वह एयर-कण्डीशनर को चलाकर तापमान गिरा देता है. यदि कुछ गर्म तापमान हम चाहते हैं, तो वह हीटर चलाकर कमरा गर्म कर देता है. कुछ लोग थर्मोमीटर की भाँति के होते हैं. यदि उनका वातावरण निषेधात्मक होता है तो वे भी आशा विहीन बन जाते हैं. यदि उनके साथ बुरी बातें होती हैं, तो वे उदास हो जाते हैं. यदि बातें अच्छी होती हैं तो वे आनन्दित होते हैं. वे मात्र अपने वातावरण की उपज होते हैं. दूसरी ओर, सफल लोग थर्मो स्टेट की तरह के होते हैं. भले ही उनका वातावरण निराशापूर्ण हो, वे सकारात्मक बने रहना पसन्द करते हैं.

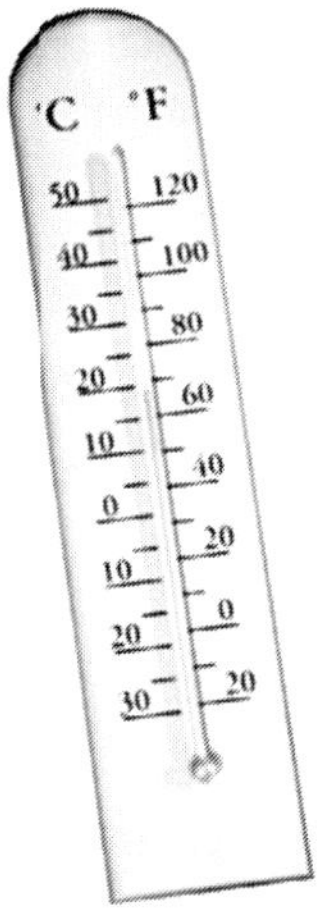

सुख अन्तरात्मा से आता है

वर्षों पहले मेरी दादी की मृत्यु हुई थी और उनकी दफन-क्रिया के समय मुझ से कुछ कहने को कहा गया. अपने उद्गार में मैंने यह कहा था : "जीवन भर दादी माँ टेलर ने कौन-सी विशेषताएँ प्रभासित की थीं? उन्होंने अनेकों प्रभा-पुंज बिखेरे थे - हजारों लोगों को सामर्थ्य दिया था - मगर कुछ गुण ऐसे थे जो मेरे दिमाग में प्रमुख रूप से बस गए थे. एक गुण था सुख का. मुझे एक भी वाक़िया ऐसा याद नहीं

आ रहा है जब दादी सुखी और सन्तुष्ट न रही हों. उनका स्वास्थ्य बिगड़ने के बाद और परिस्थितियाँ अनुकूल न रहने पर भी, वे सदा सुखी, सकारात्मक भाव बनाए रखतीं. क्योंकि वे अनेकों शारीरिक रोगों से लड़ रही थीं, जैसे टूटी हड्डियाँ और गुमी याददाश्त, उनका उदास और निराश होना स्वाभाविक ही प्रतीत होता, मगर ऐसा कभी नहीं हुआ. वे अपने पास-पड़ौस के लोगों को हमेशा बलवान और आशावान बनाती रहीं. मुझे याद है, उनसे मिलने के बाद वे जाते समय हमेशा इस प्रकार के उत्साहवर्धक शब्द कहतीं, ''अच्छे बने रहो.'' इससे मैंने एक प्रेरणादायक सशक्त सन्देश सीखा कि सुख बाहरी परिस्थितियों पर निर्भर नहीं रहता है बल्कि वह अन्दर की भावनाओं पर आधारित रहता है.''

आकस्मिक उपहार

मेरी पत्नी पावला एक अत्यन्त प्रेमालु, मित्रवत् बहिर्मुखी महिला हैं. कुछ वर्ष पहले उनका कार-एक्सीडेंट हुआ था. उन्हें एक ट्रेफिक सिग्नल पर रुकना पड़ा और उनसे पीछे की तीसरी कार रुक नहीं पाई और चार गाड़ियाँ एक-दूसरे से टकरा गईं. मेरी पत्नी के पास उनके बीमा के जानकारी के कागज नहीं थे. जब मैं उस जानकारी को लेकर वहाँ पहुँचा तो पुलिस सभी से विवरण और जानकारी ले रही थी. अन्य गाड़ियों के चालक बहुत क्रोधित और विह्वल थे मगर पावला प्रसन्न थी और दूसरों से दोस्ती कर रही थी. पावला दुर्घटना के लिए जिम्मेदार ड्राइवर के पास गई और उसे आलिंगन में लेकर बोली, ''तुम्हें तो इनाम मिलना चाहिए.'' फिर आगामी रविवार को होनेवाले एक स्थानीय कॉलेज के फुटबाल खेल के दो टिकिट उसे दिए. लड़की ने विस्मित होकर कहा, ''मैंने आपकी कार का एक्सीडेंट किया और आपको और आपकी पुत्री को बहुत तनाव दिया और आप मुझे उपहार दे रहीं हैं ?'' मगर जब मेरी पत्नी ने समझाया कि ड्राइविंग से चालक परेशान और क्रोधित हो सकता है यदि वह ऐसा होने को चुने और वैसा होना चाहे.

उत्तरदायित्व स्वीकारना

अपने कार्यकाल में, हॉल ऑफ फेम के क्वॉर्टरबॅक फुटबॉल के खिलाड़ी स्टीव यंग ने 203 बार बाधा डालकर पास दिए और छह बार दो-दो बाधाएँ लगातार

डालीं. स्टीव यंग का कथन था कि हर रुकावट के बाद, ''प्रशिक्षक, मेरे साथी खिलाड़ी और मेरे चाहक दर्शक मुझसे स्पष्टीकरण चाहते थे. मैं बहाने बना सकता था जैसे, 'गेंद पानेवाला गलत रास्ते से भागा,' 'लाइन मॅन को बाधा नहीं दिखी,' 'गेंद फिसल गई', 'मैं अपने पाँव की पकड़ गँवा बैठा.' मुझे पता चला कि बहाने करना कभी भी अधिक लाभदायक या प्रभावशाली नहीं होता. मैंने गलती की जिम्मेदारी लेना सीखा. जब मैं बाधा की गेंद फेंकता तो कहता, 'मैंने गड़बड़ कर दी.' कोई बहाना नहीं करता, फिर अपने साथियों से कहता कि अब हम साइड-लाइन पर जानेवाले हैं और अब जब फिर से गेंद पाएँगे तो फिर प्रयत्न करेंगे. हम मैदान में जाएँगे और जाते ही गोल कर लेंगे. मेरे प्रशिक्षक और सह-खिलाड़ी इस कथन की अच्छी प्रतिक्रिया दिखाते जब मैं गलती का उत्तरदायित्व स्वीकार करता, बजाय किसी और पर दोष मँढ़ने के.''[11]

विजेता की मानसिकता बजाय पीड़ित की मनोदशा के

''सन् 1970 के बाद से अनेकों समाज-शास्त्रियों और सामाजिक आलोचकों के ध्यान में यह बात आई कि उन व्यक्तियों की संख्या बढ़ गई है जो स्वयं को पीड़ित बताते हैं और अपनी उस स्थिति का लाभ उठाकर स्वयं को उत्तरदायित्व से मुक्त कर लेते हैं... फिर पीड़ित होने की दशा को सही मानते हैं, बहाने के योग्य समझते हैं और अपने गलत व्यवहार को स्वयं के गैर-जिम्मेदाराना स्वभाव का दोषी समझते हैं.''[12] प्रयत्न करने के स्थान पर कुछ व्यक्ति बहाने बनाते हैं कि किन कारणों से वे वैसा नहीं कर सके जैसा करना चाहिए था. हम उनके तर्क सुनते हैं, 'मुझे युवावस्था में उन सुविधाओं से वंचित रहना पड़ा जो दूसरे युवाओं को मिलती थीं.' कुछ कहते, 'मैं शारीरिक रूप से अक्षम हूँ.' मगर इतिहास उन लोगों के कारनामों से भरा पड़ा है जो शारीरिक रूप से अक्षम थे मगर महान् बने. ग्रीस कवि होमर, इंग्लिश कवि जॉहन मिल्टन, और अमेरिकन इतिहासज्ञ विलियम प्रेस्कॉट के पास अच्छे बहाने थे - वे अन्धे थे. एथेनियन डॅमोस्थेनॅस, जो एक महानतम भाषणकर्ता थे, के पास तो एक अनुपम बहाना था - उनके फेंफड़े कमज़ोर थे, उनकी आवाज़ फटी हुई और बेसुरी थी और वे हकलाते थे. महान् जर्मन संगीतकार लुडविग वॉन बीथोवन पूरी तरह से बहरे होने के बाद भी संगीत-रचना करते रहे. इन सबों के पास कुछ भी न करने के

अच्छे बहाने थे - मगर उन्होंने कभी भी उनका उपयोग नहीं किया.''[13]

महात्मा गांधी - शर्मीले बालक से ''महान् आत्मा''

500 मिलियन लोगों ने उन्हें ''महात्मा'' कहना और अपना नेता मानना आरम्भ किया - जिसका अर्थ होता था ''जिसकी आत्मा महान्'' है, और राष्ट्र के पिता बनने के लिए 'स्वाधीनता की लड़ाई' जीतने से पहले वे एक सामान्य और शर्मीले युवक थे. गान्धीजी लिखते हैं, ''मैं साधारण से भी कम गुणोंवाला एक सामान्य युवक था... इसमें रत्तीभर भी संशय नहीं है कि कोई भी मनुष्य या स्त्री वह सब पा सकता है यदि वह भी वही सब कुछ करे या उतनी ही आशाएँ और आस्था अपने मन में पैदा करे जो मैंने की थीं.''

भारतवर्ष के पोरबन्दर शहर में गांधीजी 2 अक्टूबर सन् 1869 को पैदा हुए थे. उनके जन्म के समय, भारतवर्ष पर अंग्रेज 200 वर्षों से अधिक से शासन कर रहे थे. ''बालक मोहनदास करमचन्द गांधी के बारे में कोई भी बात असाधारण नहीं थी सिवाय इसके कि वे बहुत अधिक शर्मीले थे. उनमें न कोई विशेष प्रतिभा थी और स्कूल भी उन्होंने सामान्य से कम स्तर के विद्यार्थी के रूप में उत्तीर्ण किया था.''[14] गांधीजी अपने बचपन के बारे में लिखते हैं, ''मैं बड़ी कठिनाई से पहाड़े याद कर पाता था... और मैं बहुत अधिक शर्मीला था और संग-साथ से दूर रहता... स्कूल समाप्त होते ही मैं घर की ओर भागता... मैं सचमुच भागता, क्योंकि मैं दूसरों से बात करना पसन्द नहीं करता था... इसके अलावा मैं बहुत डरपोक था.'' बाल्यावस्था में भी गांधीजी अँधेरे से डरते थे और कमरे में रोशनी जलाए बिना नहीं सो सकते थे.

13 वर्ष की उम्र में गांधीजी ने कस्तूरबा माकनजी से विवाह किया. स्कूल के बाद गांधीजी कॉलेज गए, मगर पाँच महीने बाद ही हर श्रेणी में फेल होने के बाद वे घर लौट आए. गांधीजी के चाचा ने उन्हें सुझाव दिया कि वे कानून की पढ़ाई के लिए लंदन चले जाएँ और बॅरिस्टर - वकील - बन जाएँ. गांधीजी की पत्नी कस्तूरबा ने अपने गहने बेचकर उनकी टिकिट के पैसे जुटाए और उन्होंने लंदन की ओर प्रस्थान किया. उनके इंग्लेंड के आरम्भ के कुछ महीने कड़े संघर्ष के दिन थे. उन्होंने अपने उन दिनों के अनुभवों के बारे में लिखा है, ''रात को आँसू मेरे गाल पर से बहते और घर की यादें मुझे सोने से सर्वदा जुदा कर देतीं. अपने सन्ताप का किसी और के साथ

बाँटना असम्भव था. मैं हर बात से अनजान था जो मेरे मन को सहला सकतीं. सब-कुछ विचित्र था.'' ''हफ्तों तक गांधीजी लौट आने की कगार पर थे और अगला जहाज पकड़कर वापिस आना चाहते थे... मगर उनके अन्दर, गहराई में कोई ऐसा निश्चय था जो उन्हें वहीं रोके हुए था.''[15]

सन् 1891 में, 21 वर्ष की उम्र में, लंदन में तीन वर्ष बिताने के बाद, गांधीजी भारत लौटे ताकि वकालत कर सकें. ''वे तत्काल असफल हो गए. उन्हें न तो कानूनी कायदों को विशेष परिस्थितियों में व्यवहार में लाना आता था और न उनके अंग्रेजी कानूनी ज्ञान ने उन्हें भारतीय कानूनी परिस्थितियों से परिचित कराया था. उन्हें केस देने की बात कोई सोच भी नहीं सकता था... उनके साथियों ने उन्हें 'ब्रीफलेस बॅरिस्टर' - बिना केस का वकील कहना आरम्भ कर दिया... उनका पहला मुकदमा... एक सामान्य केस था, दस डॉलर की माँग का. गांधीजी काँपते पैरों से अपने क्रॉस एक्जामिनेशन के लिए खड़े हुए मगर उन्हें सहसा पता चला कि वे एक भी शब्द नहीं बोल पा रहे हैं. अन्त में, अपने सहकर्मियों की हँसी के बीच उन्होंने मुकदमा अपने से अधिक अनुभवी वकील को सौंप दिया और कोर्ट-रूम से भाग गए.''[16]

ऐसी स्थिति में गांधीजी के भाई ने गांधीजी के लिए दक्षिण आफ्रिका में कार्य करने का अवसर खोज निकाला. जिसमें उन्हें मामूली क्लॅरिकल काम करने थे. गांधीजी को काम पाकर प्रसन्नता हुई और उन्होंने आशा की कि उन्हें वहाँ अच्छा अनुभव मिलेगा. मगर कार्य उनकी आशा के प्रतिकूल अधिक जटिल था. उनका कार्य कानूनविद् के उन कानूनी कागजातों को सँवारकर रखना था जो उसमें असंगत थे. गांधीजी के पास इस कार्य का कोई पुराना अनुभव नहीं था अत: उनके सामने का कार्य उन्हें निरुत्साहित कर रहा था. आरम्भ में गांधीजी विपरीत परिस्थितियों को देखकर पीछे हट गए थे. मगर फिर उन्होंने अनुभव करना आरम्भ किया कि जीवन तो एक अन्तहीन संघर्ष है और जैसे ही वे एक समस्या से भागेंगे, एक नई समस्या नई स्थिति के कारण उभर आएगी. गांधीजी को ज्ञात हुआ कि उनकी स्वयं की परिस्थिति को बदलने की आवश्यकता नहीं है बल्कि स्वयं को बदलने की जरूरत है. और इस बार वे स्वयं में आवश्यक निजी परिवर्तन करनेवाले थे. उन्होंने स्वयं को काम में डुबो लिया. उन्होंने बही-खाते सीखे. प्रत्येक केस के हर पक्ष को बारीकी से जाँचा ताकि सच्चाई का पता चल सके. जल्दी ही वे केसों को इतनी अच्छी तरह से समझने लगे

जितना उससे जुड़े लोग भी नहीं समझ पाते थे. भले ही उनके मुवक्किल का केस बहुत मजबूत होता, मगर कानूनी कार्यवाही में लम्बा समय लग जाता. इस परिस्थिति से जिसे लाभ मिलता वह वकील होता था, और गांधीजी को अपने मुवक्किल को नुकसान पहुँचाकर लाभ उठाना अच्छा नहीं लगता था.

गांधीजी अक्सर दोनों पक्षों को कोर्ट के बाहर ही समझाकर, बिचौलिया बनकर, सुलह करा देते. प्रतिपक्षी अक्सर रिश्तेदार होते, अत: वे जल्दी से सुलह कराते ताकि उनके संबंध अधिक बिगड़ने न पाएँ. दोनों पक्षों को एकमत करने में, समझौते में कड़ी मेहनत करनी पड़ती, मगर अन्त में दोनों पक्ष सन्तुष्ट हो जाते. गांधीजी ने अपने इस अनुभव के बारे में इस प्रकार से लिखा है, ''मैंने कानून के यथार्थ अर्थ को जाना. मैंने मनुष्य-जीवन के अधिक उजागर, अधिक अच्छे पक्ष को जानना सीखा और मनुष्य के हृदयों में प्रवेश करना सीखा. मुझे ज्ञात हुआ कि वकील का यथार्थ कार्य दोनों पक्षों को आश्वासनों से जोड़ना है.'' दक्षिण आफ्रिका की कानूनी संस्था में काम करके उन्होंने स्वयं को सिखाया कि सफलता स्वयं को बदलने से मिलती है न कि अपने वातावरण और परिस्थिति को बदलने से.

वकील के रूप में गांधीजी की सफलता का यह प्रथम सोपान था. सेवाभावी भावना को समझना और उस पर अपना ध्यान केन्द्रित करके सुलह कराने से उन्होंने अपने अनेकों मुवक्किलों के हृदयों को जीतकर एक सफल कानूनी प्रेक्टिस को जन्म दिया. गांधीजी ने अपने, बाद में कहे, 'सत्य के प्रयोग' पर भी कार्य करना आरम्भ कर दिया. उन्होंने सत्य के विभिन्न स्रोतों पर अध्ययन करना आरम्भ किया और उसकी शिक्षा को स्वयं के जीवन पर लागू करके देखने लगे. जिन सत्यों के सहारे वे जीना चाहते थे उनके बारे में वे इस प्रकार से कहते हैं, ''मेरे पास संसार को सिखाने के लिए कुछ भी नया नहीं है. सत्य और अहिंसा उतने ही पुराने हैं, जितने ये पहाड़... जो लोग निष्कपट सच्चाई में विश्वास रखते हैं, जिन्हें मैंने आगे बताया है, और यदि वे उनका प्रचार करना चाहते हैं तो उन्हें जीएँ.''

पहला सच : *''स्वयं परिवर्तित होकर दिखाएँ आप जिसे संसार में देखना चाहते हैं.''* – गांधी

''एक बार एक माँ अपने बालक को मेरे पास लाई और बोली कि वे उससे

कहें कि शक्कर नहीं खानी चाहिए क्योंकि उससे उसके उग रहे दाँत खराब हो जाएँगे और उसकी खुराक पर भी प्रभाव पड़ेगा. गांधीजी ने जवाब दिया, ''मैं उससे यह बात नहीं कह सकता हूँ. मगर आप इसे एक महीने बाद फिर से मेरे पास लाएँ.'' माँ को उलझन हुई क्योंकि वह काफी दूर से यात्रा करके आई थी और उसे विश्वास था कि एक महान् नेता उसके पालन-पोषण का समर्थन करेंगे... चार हफ्ते बाद वह वापिस लौटी, मन में दुबिधा लिए कि इस बार क्या होगा. महान् गांधी ने उस छोटे से बालक का हाथ अपने हाथ में लिया, उसके सामने घुटने मोड़कर बैठे और मीठी आवाज में समझाया, 'बेटा, शक्कर मत खाओ. वह तुम्हारे लिए अच्छी नहीं है.' फिर उन्होंने बालक को गले लगाया फिर उसे उसकी माँ को लौटा दिया. माँ, जो आभारी थीं, मगर दुबिधा में थीं, उसने पूछा, 'आपने यह बात बालक से एक महीने पहले क्यों नहीं कही थी ?' गांधीजी बोले, 'देखो, एक महीने पहले मैं स्वयं शक्कर खा रहा था.''[17] गांधीजी जानते थे कि प्रभावशाली ढंग से दूसरों का नेता बनने से पहले, स्वयं को उस मार्ग पर चलाना चाहिए. गांधीजी ने लिखा था, ''मैं दूसरों पर कैसे काबू पा सकता हूँ, यदि मैं पहले स्वयं पर काबू नहीं पा सकता हूँ ?''

एक और अवसर पर, ''गांधीजी स्टेशन से बाहर निकल रही ट्रेन में बैठे थे और एक अंग्रेज पत्रकार ने डब्बे के साथ-साथ दौड़ते हुए उनसे पूछा, ''क्या आपके पास कोई सन्देश है जिसे मैं अपने देशवासियों तक ले जा सकूँ ?'' गांधीजी का वह मौन का दिन था जिसे वे हमेशा पालते थे, अत: उन्होंने उत्तर नहीं दिया. उन्होंने उसके बदले कागज पर कुछ पंक्तियाँ लिखीं और उस पत्रकार को दे दीं : ''मेरा जीवन स्वयं एक सन्देश है.''[18] गांधीजी का विश्वास था, ''स्वयं व्यवहार में लाने का एक कण भी, टनों उपदेश देने के बराबर है.''[19]

दूसरा सच: *''मुझे मेरी आज्ञा के बिना कोई भी नुकसान नहीं पहुँचा सकता है.''* - गांधी

''जैसे ही गांधीजी ने जल्दी में छूटती ट्रेन को पकड़ने की कोशिश की, उनकी एक सेंडल पटरियों पर गिर पड़ी और उन्होंने उसकी प्रतिक्रिया के रूप में अपनी दूसरी सेंडल भी पटरी पर फेंक दी ताकि बाद में किसी को दोनों सेंडलें मिल जाएँ और उसके पास पहनने के लिए एक जोड़ी चप्पलें हो जाएँ.''[20] गांधीजी ने अपने चप्पल

खोने के नकारात्मक अनुभव को सार्थक, आशापूर्ण सेवा के अनुभव में बदल दिया जो देने में सन्तोष पाता है. गांधीजी का विश्वास था, ''अनुभव वह नहीं होता जो आपके साथ हुआ है, वह होता है जो आप होने के बाद उसके साथ करते हैं.''[21]

''एच. जी. वेल्स ने एक बार एक निबन्ध का सह-लेखन किया, जिसका शीर्षक था 'मनुष्य के अधिकार' जिस पर उन्होंने गांधीजी की राय माँगी. गांधीजी निबंध में प्रतिपादित अधिकारों से सहमत नहीं थे. उन्होंने एक केबल भेजा जिसमें लिखा था, ''मैं आपको एक सीधा-सा मार्ग सुझा रहा हूँ. मनुष्य के कर्तव्यों की सूची से आरम्भ करें और मैं वादा करता हूँ कि उनके अधिकार अपने आप उभरकर सामने आ जाएँगे, जैसे सर्दियों में झरने फूट पड़ते हैं.''[22]

गांधीजी ने कठोर बर्ताव, जेल का जीवन और भोगे हुए दमन के बारे में लिखा है, ''आप मुझे जंजीरों में बाँध सकते हैं, मुझे पीड़ा पहुँचा सकते हैं, मेरे इस शरीर को नष्ट भी कर सकते हैं, मगर आप मेरे मस्तिष्क को कभी कैद नहीं कर सकते... जिस क्षण गुलाम निश्चय कर लेता है कि वह परतंत्र नहीं रहेगा, उसी क्षण उसकी बेड़ियाँ टूटकर नीचे गिर पड़ती हैं... गुलामी और स्वाधीनता मानसिक अवस्थाएँ हैं... वे हमारे आत्म-सम्मान को छीनकर नहीं ले जा सकते हैं, यदि हम उसे उन्हें देते नहीं हैं.''

तीसरा सच : *''अपने मित्रों के साथ दोस्ताना व्यवहार करना सरल है, मगर उसके साथ मित्रों जैसा व्यवहार करना ही धर्म का मूल सार है जो स्वयं को आपका शत्रु मानता है.''* - गांधी

गांधीजी समान अधिकार, योग्य व्यवहार और स्वतंत्रता के लिए ब्रिटिश साम्राज्य से भारतीयों के लिए लड़े थे. मगर वह पुराने ढंग की लड़ाई नहीं थी. गांधीजी ने उस शोषण को ''घृणा के बदले प्यार और तिरस्कार के स्थान पर आदर'' देकर समाप्त किया था.''[23] गांधीजी ने सीखा था, ''जब कोई व्यक्ति किसी दूसरे से घृणा करता है, तो घृणा करनेवाला बीमार हो जाता है - शारीरिक रूप से, भावनात्मक रूप से और आध्यात्मिक रूप से. और जब वह प्यार करता है तो वह सम्पूर्ण बन जाता है. घृणा विनाश करती है, प्यार स्वस्थ बनाता है.''[24] उन्होंने यह भी खोज की थी, ''आँख के बदले आँख'' की भावना सारे विश्व को अंधा बना देगी.''[25]

गांधीजी ने जनता को ललकारा "हिंसा का सहारा मत लो, भले ही आरम्भ में वह सफलता दिलानेवाली प्रतीत हो; वह आपके उद्देश्य के खिलाफ जाएगा. प्यार और आदर का उपयोग करो भले ही परिणाम संदिग्ध प्रतीत हों और दूर दिखें... यदि हम इन सिद्धान्तों से जुड़े रहेंगे, तो भारत की स्वाधीनता अवश्य आएगी... मैं स्वयं को इस पृथ्वी के किसी भी व्यक्ति से घृणा करने में असमर्थ पाता हूँ... मगर मैं बुराई से घृणा करता हूँ और करूँगा, फिर वह भले ही कहीं भी हो. अंग्रेजों ने भारतवर्ष में जिस शासन-पद्धति को स्थापित किया है, मैं उससे घृणा करता हूँ. मैं भारत के निष्ठुर शोषण का विरोधी हूँ... मैं उनकी हर प्रकार की तानाशाही को प्यार के रास्तों को अपनाकर सुधारना चाहता हूँ. मेरे असहयोग की जड़ें घृणा में नहीं, प्यार में दबी पड़ी हैं..."[26]

जब विद्वान जे. बी. कृपलानी ने पहली बार गांधीजी को स्वाधीनता के लिए प्यार और आदर से लड़ने को सुना बजाय हिंसा के, तो वे गांधीजी के पास जाकर बोले, "श्रीमान् गांधी... आप इतिहास को जरा-सा भी नहीं जानते हैं. कोई भी देश आज तक स्वयं को बिना युद्ध के स्वतंत्र नहीं कर पाया है." गांधीजी ने मुस्कुराकर जवाब दिया, "आप इतिहास जानते ही नहीं हैं. आपको सबसे पहले इतिहास से यह सीखना है कि क्योंकि कोई वस्तु पहले कभी हुई नहीं है, तो इसका यह मतलब नहीं होता कि वह कभी भविष्य में होगी ही नहीं."[27]

गांधीजी द्वारा अन्यायपूर्ण नियमों को न मानने के कारण उन्हें अनेकों बार जेल जाना पड़ा. उन्होंने अपने जीवन के साड़े-छह वर्ष जेल में बिताए. अपने एक जेल-प्रवास के दौरान, उन्होंने उस आदमी के लिए चप्पलों की एक जोड़ी बनाई जो उनकी कैद का कारण था, फील्ड जनरल जॅन स्मट्स. वर्षों बाद स्मट्स ने गांधीजी के बारे में लिखा : "जेल में उन्होंने मेरे लिए एक जोड़ी सेंडल बनाए थे. मैंने उन्हें अनेकों गर्मियों में पहना था, मगर मुझे लगता रहा कि मैं इतने महान् व्यक्ति के सेंडलों में खड़े होने लायक नहीं हूँ."[28]

एक महान् आत्मा

गांधीजी ने सरकार में कभी भी कोई शासकीय पद नहीं पाया. वे धनवान भी नहीं थे और न किसी फौज के कमाण्डर थे - मगर वे करोड़ों लोगों को संचालित करते थे."[29] अपने स्वयं के चरित्र और उदाहरण के द्वारा उन्होंने करोड़ों लोगों को

एक करके आत्म-निर्भर बनकर संघर्ष करना सिखाया और एक स्वतंत्र भारत का जन्म हुआ. 15 अगस्त सन् 1947 को सदियों के संघर्ष के बाद ध्येय की प्राप्ति हुई थी. स्वतंत्र भारत के प्रथम प्रधान मंत्री पं. जवाहरलाल नेहरू ने स्वाधीनता पूर्व की संध्या को अपने भाषण में कहा था, ‘‘आज के दिन, हमारे सबसे पहले विचार इस स्वाधीनता के निर्माता, हमारे राष्ट्रपिता गांधीजी की ओर जाते हैं जिन्होंने स्वतंत्रता की मशाल को ऊपर उठाए रखा और हमारे आस-पास फैले अन्धकार को प्रकाशित किया... आधी रात के टंकार के साथ ही, जब सारा विश्व सो रहा होगा, भारत आज़ाद और जीवित हो जाएगा... स्वाधीनता और शक्ति उत्तरदायित्व को साथ लेकर आते हैं... आज जिस उपलब्धि को हम मनाएँगे वह तो हमारा पहला कदम है, सम्भावनाओं का द्वार, ताकि महान् उपलब्धियाँ और विजय हम पा सकें जो हमारी राह देख रही हैं. क्या हम इन्हें पाने योग्य समझदार और बहादुर हैं ताकि भविष्य की चुनौतियों का मुकाबला कर सकें ?... हमें कड़ी मेहनत करनी हैं, काम करने है ताकि हम अपने सपनों को साकार कर सकें.’’

भारत के भूतपूर्व गवर्नर जनरल, लॉर्ड हॅलीफेक्स इर्विन ने गांधीजी के बारे में कहा था, ‘‘समूचे इतिहास में कुछ ही मानव हो सकते हैं जो अपने स्वयं के चरित्र और उदाहरण के द्वारा अपनी पीढ़ी के मानस पर इतना गहरा प्रभाव डाल सके हैं.’’

30 जनवरी, सन् 1948 को गांधीजी ने एक प्रार्थना-सभा में प्रवेश किया जहाँ उन पर निकट से, छाती पर तीन गोलियाँ मारी गईं. अपनी मृत्यु से मात्र दो दिन पहले ही गांधीजी ने राजकुमारी अमृत कौर को लिखा था, ‘‘यदि मेरे भाग्य में किसी पागल की गोलियों से मरना ही लिखा है, तो मुझे वह भी हँसते हुए ही करना चाहिए. मेरे अन्तर में क्रोध न हो.’’ गांधीजी ने अपने भविष्य-कथन को भी पूरा कर दिखाया. अपने अन्तिम कर्म को उन्होंने मरते-मरते, गोली मारनेवाले को मुस्कुराकर, आशीर्वाद देते हुए पूरा किया. गांधीजी का जीवन 78 वर्ष की उम्र में समाप्त हो गया, मगर उनका आदर्श और उपदेश आनेवाली पीढ़ियों के लिए एक अनुकरणीय उदाहरण बन गया.

दस लाख से अधिक लोगों की भीड़... उनकी अन्तिम यात्रा के मार्ग पर रोती जा रही थी, ‘‘महात्मा गांधी अमर रहें,’’[30] विश्व ने उनके विशेष स्थान को स्वीकार किया जब संयुक्त राष्ट्रसंघ ने उनकी स्मृति में ध्वज को आधा उतार लिया...

वे एकमात्र व्यक्ति थे जिनका किसी भी सरकार या अन्तर्राष्ट्रीय संस्थान से सम्बन्ध नहीं था, मगर जिनके लिए ऐसा किया गया था.''[31] अल्बर्ट आइंस्टाइन ने लिखा था, ''आगामी पीढ़ियाँ कभी भी विश्वास नहीं कर पाएँगी कि इन जैसा हाड़-मांस का व्यक्ति भी कभी पृथ्वी पर जन्मा था.''

निष्कर्ष

एक सन्त ने 900 से अधिक वर्ष पहले लिखा था, ''जब मैं युवा था, मैं दुनिया को बदलना चाहता था. मैंने देखा कि दुनिया को बदलना कठिन है, अत: मैंने अपने देश को बदलने का प्रयत्न किया. मैंने पाया कि देश को बदलना भी मुश्किल है, तो मैंने अपने नगर को बदलने की सोची. अब तक मैं बूढ़ा हो चला था और नगर को नहीं बदल पाया था. मैंने अपने परिवार को बदलने का निर्णय लिया. फिर बूढ़ा होने के कारण मुझे आभास हुआ कि मैं सिर्फ स्वयं को बदल सकता हूँ और सहसा मुझे लगा कि यदि मैंने पहले ही स्वयं को बदल लिया होता, तो मैंने अपने परिवार

पर भी प्रभाव डाला होता. मैं और मेरे परिवार ने मिलकर हमारे नगर पर प्रभाव डाला होता. उसके प्रभाव ने सम्भव है राष्ट्र को बदल दिया होता और मैं, इस प्रकार से, विश्व को बदल देता.''[32]

विशेष गुण 2 : निर्माण

''मेरी समझ में, मनुष्य के दिल को कोई और चीज़ इतनी अधिक रोमांचित नहीं करती जितनी किसी आविष्कारकर्ता को उसकी खोज.''

–निकोला टेस्ला

अध्याय III

उत्पादन बनाम पुनः वितरण

"कुछ लोग निजी उद्यम को ऐसा समझते हैं मानों कोई आक्रामक शेर हो जिसे तत्काल गोली मार देनी चाहिए. दूसरे उसे गाय समझते हैं जिसे वे दुह सकते हैं. कुछ ही लोग उसके सही स्वरूप को समझ पाते हैं – एक बलवान घोड़ा जो समूची गाड़ी को खींच सकता है."

– विंस्टन चर्चिल

यदि आप किसी वस्तु की कमी और सीमित स्रोतों पर विश्वास करते हैं तो आप समाज में सीमित धन के समान वितरण को मान लेंगे. फिर आप उसका निर्माण नहीं करेंगे क्योंकि इस समय जो मौजूद है, हमेशा वही रहनेवाला है. इस भोगी जानेवाली वस्तु को ठीक से बाँटने के तरीकों को खोजने के बदले हमें एक नया, विशाल खाद्य पदार्थ बनाना चाहिए जिसे हर कोई बाँट सके और जो पूरा पड़ जाए. वे लोग जो पैदा करने से अधिक खाते हैं, वही घटते उत्पादन के स्रोतों और आर्थिक तंगी के लिए जिम्मेवार हैं.

सौभाग्यवश हमारी दुनिया में हर चीज़ बहुतायत से है और प्रभु ने इन्सान को एक अनोखी ताकत दी है जिससे वह नए स्रोत पैदा कर सकता है बजाय पुराने स्रोतों को उपयोग में लाकर खत्म करने के. इस ईश्वर की दी सौगात के कारण नए रास्तों को पैदा करना ही हमारे आर्थिक विकास को ठीक बनाए रखता है.

चोर और किसान की कहानी

अपने पिता के बीमार होने पर पन्द्रह साल के बॉबी ने अपने कुटुम्ब के एरीज़ोना के खेतों की सँभाल का जिम्मा लिया. कुछ लोगों ने उस युवा का गलत फायदा उठाया और खेत में से फसल गायब होने लगी. बॉबी को बहुत गुस्सा आया

और उसने चोरों को पकड़ने की ठानी ताकि औरों को उससे सीख मिल सके. इस प्रकार से वह बदला भी ले लेगा.

उसके पिता भी अब ठीक हो रहे थे, उसी बीच उसने दिन के अन्त में खेतों का चक्कर लगाना शुरू किया. अँधेरा लगभग हो चुका था. कुछ दूरी पर उसने आलू की बोरियों को कार में लादते देखा. खेतों के बीच से बॉबी तेजी से दौड़ता हुआ कार के पास पहुँचा और उसने एक जवान चोर को पकड़ लिया. पहले तो उसका मन हुआ कि वह उसे पीटकर अपने मन का गुस्सा शान्त करे और फिर उसे घसीटता हुआ फॉर्म हाउस ले जाए और पुलिस को बुलाकर चोर को उनके हवाले कर दे. उसने अपने चोर को पकड़ लिया था और अब वह उससे अपना कर्ज वसूल करना चाहता था.

बॉबी के बढ़ते गुस्से को देखकर उसके पिता बिस्तर से बाहर निकले, बाहर गए और अपना कमजोर हाथ अपने लड़के के कंधे पर रखकर बोले, ‘‘मैं देख रहा हूँ कि तुम कुछ परेशान हो. बॉबी, क्या इसे मैं सँभाल लूँ ?’’ वे युवा चोर के पास गए और अपनी बाँह उसके कंधे पर रखते हुए, उसकी आँखों में क्षणभर झाँककर बोले, ‘‘बेटा, मुझे बताओ, तुम ऐसा क्यों कर रहे हो ? इन आलुओं को क्यों चुराना चाहते हो ?’’

युवा चोर ने जवाब दिया, ‘‘मैं नहीं समझता कि आपको इससे कोई फर्क पड़नेवाला है. आपके पास इतना सारा है और मेरे पास बहुत ही कम है. हर कोई आप जैसा अमीर नहीं हो सकता है.’’ फिर बॉबी के पिता ने उस युवा चोर से पूछा, ‘‘तुम क्या सोचते हो, मेरे पास बहुत बड़ा खेत और इतना बड़ा सुखद घर कैसे आया ?’’ ‘‘क्योंकि आपके पिता ने इसे आपको दिया है.’’ चोर ने जवाब दिया. बॉबी के पिता दबी हँसी हँसते हुए अपनी बाँह में लपेटते हुए, उसे एक ऐसी जगह ले गए जहाँ से बिनी जुती उजाड़ जमीन दिख रही थी जो आलू के खेतों को चारों ओर से घेरे हुए थी और बोले, ‘‘तीस साल पहले मेरे आलू के खेत ऐसे ही दिखते थे. मैंने शुरू में 10,000 एकड़ रेगिस्तान की उजाड़ जमीन 27 डॉलर प्रति एकड़ की दर से खरीदी थी. वर्षों की कड़ी मेहनत के बाद, मैंने उस जमीन को जो कुछ भी नहीं पैदा करती थी, एक लहलहाते आलू के खेत में बदल दिया जो अब 3,500 डॉलर प्रति एकड़ के भाव का हो गया है. वर्षों की कड़ी मेहनत और उद्यम के कारण मैं इस भूमि को इस प्रकार की सम्पत्ति बना सका कि जो मैंने 2,70,000 डॉलर में खरीदी

थी वह अब 35 मिलियन डॉलर की हो गई है.''

चोर की आँखें आश्चर्य से फैल गईं और उसने विस्मय से कहा, ''आपका खेत 35 मिलियन डॉलर का है ! क्या आपको नहीं लगता कि इतना सारा रखना स्वार्थपूर्ण नहीं है?'' बॉबी के पिता ने पूछा, ''स्वार्थी ? क्या मतलब है तुम्हारा ?'' ''यदि आपके पास इतना सारा है, तो इसका यह अर्थ हुआ कि अब दूसरों के लिए बहुत कम बचा है. हर कोई धनवान नहीं बन सकता है,'' युवा चोर बोला.

बॉबी के पिता ने जवाब दिया, ''जब मैं साँस लेता हूँ तो क्या तुम्हारे और तुम्हारे परिवार के लिए ऑक्सीजन कम पड़ जाता है ? वह आदमी जो कसरत करता है और अपने हिस्से से अधिक ऑक्सीजन साँस के द्वारा लेता है, क्या वह स्वार्थी है ?'' विस्मित युवा चोर बोला, ''नहीं, बिल्कुल नहीं. सबों की साँसों के लायक बहुत सारा ऑक्सीजन बिखरा पड़ा है.'' बॉबी के पिता ने पूछा, ''इतना सारा ऑक्सीजन क्यों है ?'' ''मैं नहीं जानता. क्यों है ?'' लड़के ने जानना चाहा.

बॉबी के पिता ने समझाया, ''क्योंकि ऑक्सीजन को पैदा किया जा सकता है. चूँकि ऑक्सीजन बहुतायत से बनाया जाता है, हमें उस पर नियंत्रण करने की जरूरत नहीं पड़ती और न वह कभी कम पड़ता है. दौलत भी पैदा की जा सकती है और हमारे जीवन में वह भी उतनी ही बहुतायत से हो सकती है जितनी ऑक्सीजन. हम उतनी सारी दौलत कमा सकते हैं जितनी चाहते हैं और उसके लिए मेहनत करने को तैयार हैं. यह कहना कि हर किसी के लिए धनवान बनना सम्भव नहीं है, उतना ही असंगत है जितना यह कहना कि हर किसी के लिए साँस लेने लायक ऑक्सीजन नहीं है. इस धरती की रचना इस प्रकार से हुई है कि वह उसका निर्माण कर सकती है, उसे पैदा कर सकती है और बढ़ा सकती है. जैसे, सेव के एक बीज से हम एक सेव का पेड़ उगा सकते हैं जो सैकड़ों सेव हर साल पैदा करेगा. दो मुर्गियाँ इतनी बहुगुणित हो सकती हैं कि हजारों लोगों का पेट भर जाए. एक हमने समझ लिया कि सम्पत्ति का निर्माण किया जा सकता है तो हमें यह भरोसा भी हो जाएगा कि दुनिया में सभी के पाने लायक ढेर सारा है, तो फलस्वरूप, किसी को किसी और के स्थान पर सफल होने की जरूरत नहीं रह जाएगी. एक की सफलता किसी दूसरे की सफलता के मार्ग में बाधा बनकर नहीं आएगी.

''यदि हर कोई अपने सामर्थ्य के अनुरूप उत्पादन करे तो सबों की माँगों को

पूरा करके भी बहुत अधिक बच जाएगा. उदाहरण के लिए, इस पृथ्वी में 80 बिलियन लोगों की खुराक पैदा करने की क्षमता है जो, सन् 2050 की अनुमानित जन-संख्या 10 बिलियन से आठ गुना अधिक है. एक खोज के अनुसार पैदावार के संशोधित वैज्ञानिक तरीकों से उत्पादन करके यह धरती कम-से-कम 1,000 बिलियन लोगों का पेट भर सकती है.[33] सन् 1930 में अमरीका में 30 मिलियन किसान थे जो मुश्किल से करीब 100 मिलियन लोगों का पोषण कर सकते थे. बाद के पचास वर्षों के कृषि के नए संशोधनों ने खेती को इतना कुशल बना दिया कि अब वह 3 मिलियन किसानों की सहायता से 300 मिलियन लोगों के लायक अनाज का उत्पादन कर रहा है. यह 3000 प्रतिशत उत्पादन की वृद्धि, प्रति किसान, बताता है.''[34]

इस पर युवा चोर ने पूछा, ''यदि यह विश्व सैकड़ों बिलियन लोगों का पेट भरने में समर्थ है, तो लोग भूखों क्यों मर रहे हैं ?''

''यह एक अच्छा प्रश्न है,'' बॉबी के पिता ने आगे कहा. ''याद है, जो मैंने कहा था कि हर किसी को अपने सामर्थ्य के अनुसार उत्पादन करना चाहिए, तभी सबों की जरूरत पूरी होकर पर्याप्त बच जाएगा. इसमें दो बाधाएँ हैं. पहली, हर कोई पैदा नहीं करता है. दूसरी, इस प्रकार के लोग भी हैं जो स्वयं सम्पत्ति पैदा न करके दूसरों के कमाए धन को ले लेते हैं. जब कोई किसी और के कमाए धन को लेता है तो वे चोरी कर रहे होते हैं. तुम उस समय क्या कर रहे थे जब आलू ले रहे थे, सम्पत्ति का निर्माण कर रहे थे या चुरा रहे थे ?''

''मैं चुरा रहा था,'' युवा चोर ने उत्तर दिया. बॉबी के पिता ने आगे कहा, ''कुछ लोग होते हैं जो पूँजीवादी पद्धति का प्रयोग धन को पाने के लिए करते हैं बजाय उसे पैदा करने के. ये लोग चोर हैं.''

इस पर युवा चोर ने पूछा, तो फिर व्यापार और धन बुरी चीजें हैं ?'' जवाब में बॉबी के पिता ने आगे कहा, ''व्यापार और धन अच्छे भी हो सकते हैं और बुरे भी. प्रश्न यह करना चाहिए, मूल्य का निर्माण किया गया था या उसे चुराया गया था ?'' दूसरों से चुराकर ली गई दौलत और छीनी दौलत से साधनों में कमी आती है, जबकि निर्माण के द्वारा पाई दौलत और पैदा की गई दौलत से उत्पादन के साधन और बहुतायत बढ़ते हैं.''

इस पर युवा चोर ने पूछा, ''बस, एक आखिरी सवाल मैं पूछना चाहूँगा.

लोग ऐसा क्यों मानते हैं कि वे सिर्फ दूसरों को कुचलकर ही सफल बन सकते हैं ?''

बॉबी के पिता ने उत्तर दिया, ''इसका मूल कारण यह विश्वास है कि चीजों की कमी है, धन मर्यादित है. इस कमी के विश्वास के कारण, यदि कोई आदमी ज्यादह कमा लेता है तो लोगों की यह धारणा हो जाती है कि दूसरे कम कमा पाएँगे. इस कमी की भावना की सोच का एक अच्छा उदाहरण है जन-संख्या नियंत्रण. जो लोग इसमें आस्था रखते हैं उनका विश्वास है कि साधनों की संख्या सीमित है. अतः यदि अधिक आदमी होंगे तो प्रत्येक के हिस्से में भोजन का कम भाग आएगा. कमी की भावनावाले लोग मानते हैं कि प्रत्येक व्यक्ति के जीवन के स्तर को उठाने का एक ही तरीका है, आबादी कम करना. इस प्रकार से, जब जन-संख्या घट जाएगी तो हर किसी के हिस्से में भोजन का बड़ा भाग आएगा.

''अच्छे आदमी दूसरों से छीनकर धन नहीं लेना चाहेंगे, अतः यदि वे विश्वास करते हैं कि दुनिया में धन की एक सीमित राशि है, तो ज्यों-ज्यों वे अधिक धन पाएँगे, उनके मन में अपराध-भावना बढ़ती जाएगी, क्योंकि इसका मतलब होगा दूसरों को काम धन मिलना. एक बार लोगों को यह समझ में आ जाए कि धन का उत्पादन किया जा सकता है, तो उन्हें यह भी समझ में आ जाएगा कि जैसे-जैसे वे दौलत को पैदा करते हैं, वे समाज का विकास करते हैं - उनसे वे दौलत छीनते नहीं हैं. यह विश्वास कि दुनिया में सभी कुछ बहुतायत से है और धन का निर्माण आपके और समाज की सम्पन्नता के लिए आवश्यक है. यथेष्ट की भावना को हम जितना अधिक विकसित करेंगे हम लोगों के साथ उतना ही ज्यादह सामर्थ्य, सफलता और मुनाफे को बाँटना चाहेंगे और उतना ज्यादह हम सफलता के लिए यथार्थ में सुखी रहेंगे. हमारा विश्वास है कि उनकी सफलता हमारे जीवन में कुछ जोड़ती है, बजाय कुछ कम करने के.''[35]

आभारी होकर युवा चोर बोला, ''आपने मुझ पर जो दया दिखाई उसके लिए आपका आभार. मैंने आज बहुत-सी बातें सीखी हैं.''

बॉबी के पिता ने युवा लड़के को अपने साथ खलिहान तक चलने को कहा. वहाँ पहुँचकर बॉबी के पिता ने उससे पूछा कि उसे और उसके परिवार को किन चीजों की जरूरत है. उन्होंने सम्मानपूर्वक वे वस्तुएँ उसे दीं. उस चोर बननेवाले युवा ने अपने आप ही, हर महीने, उस रकम को धीरे-धीरे चुका दिया जो उस खाने के

सामान की होती थी जिसे बॉबी के पिता ने उसे दी थी; उसमें आलू की बोरियों की रकम भी आ गई.[36]

बड़ी रोटी का निर्माण करना

''अपने सहकर्मियों के साथ जितना अधिक मुनाफा आप बाँटेंगे - फिर चाहे वह तनख्वाह के रुप में हो या प्रेरणा-रकम के रूप में अथवा बोनस या स्टॉक-डिस्काउंट के रूप में - उतना ही अधिक मुनाफा कंपनी में जमा होता जाएगा.''

- सॅम वाल्टन, संस्थापक वॉल-मार्ट

तार्किक रूप से यह सही लगता है कि जितना बड़ा हिस्सा आपकी मालिकी का किसी संस्था में आपका होगा, उतना अधिक मुनाफा आपको मिलेगा. मगर यह बात हर समय सही नहीं होती है ऐसा फ्रेंकलिन क्वेस्ट के संस्थापक हायरम स्मिथ ने पता लगाया था. सन् 1984 के आरंभ में, फ्रेंकलिन क्वेस्ट कम्पनी की संस्थापन के बाद, हायरम स्मिथ उन चार लोगों से मिले थे जिन्होंने कम्पनी शुरू करने में उनकी मदद की थी. उस मुलाकात का मक़सद कम्पनी की मालिकी में हिस्सेदारी का निर्णय करना था. प्रमुख संस्थापक के रूप में हायरम कम्पनी की मालिकी का अधिकांश हिस्सा अपने पास रख सकते थे, मगर उन्होंने 33 प्रतिशत हिस्सा अपने पास रखा और शेष 67 प्रतिशत दूसरे हिस्सेदारों को दे दिया. जब कम्पनी बढ़ी तो हायरम ने अपने स्टॉक का अतिरिक्त भाग भी कर्मचारियों में बाँट दिया. 3 जून, सन् 1992 में फ्रेंकलिन क्वेस्ट कम्पनी सार्वजनिक बन गई और उसके स्टॉक का व्यवसाय न्यूयार्क स्टॉक एक्स्चेंज में होने लगा. हायरम के द्वारा दिए गए स्टॉक की कीमत अब 200 मिलियन डॉलर हो गई थी और उनके द्वारा रखे गए स्टॉक का मूल्य सिर्फ 60 मिलियन डॉलर था. एक सम्पत्ति निवेशक बेंकर को आश्चर्य हुआ कि हायरम ने 200 मिलियन डॉलर के स्टॉक औरों को दे दिए. इसके जवाब में हायरम ने उस बेंकर से कहा, ''यदि मैंने उस स्टॉक को दिया नहीं होता... तो जो स्टॉक मैंने अपने पास रखा था उसकी कीमत 60 मिलियन डॉलर से बहुत कम रह जाती ... जिसका मैं आज मालिक हूँ... मैं आज उसके लायक इसलिए हूँ, क्योंकि मैंने अपनी दौलत को दूसरों में बाँटने की सहमति दिखाई थी.''[37]

निवेशक बेंकर को पता चला कि फ्रेंकलिन क्वेस्ट का स्टाक सन् 1992 में $260 मिलियन का था और हायरम के पास उसका सिर्फ 23 प्रतिशत हिस्सा था जो $60 मिलियन की कीमत का था. निवेशक बेंकर ने देखा कि हायरम ने यदि कम्पनी का 50 प्रतिशत भाग रखा होता तो वह आज $60 मिलियन के बजाय $130 मिलियन का स्वामी होता. मगर हायरम का मानना था कि यह बात सही नहीं है. हायरम बहुतायत – एबॅनडेंस के नियम और पूँजी के उत्पादन में विश्वास रखता था. हायरम को बड़ी रोटी के छोटे टुकड़े में दिलचस्पी थी बजाय छोटी रोटी के बड़े हिस्से को पाने में. इस सिद्धान्त के अनुसार, हम देखते हैं कि यदि हायरम ने कम्पनी में अधिकांश हिस्सा स्वयं रखा होता, 60 प्रतिशत, तो परिणामस्वरूप कम्पनी छोटी रह जाती और उसके हिस्से में 50 मिलियन डॉलर की कम्पनी के 30 मिलियन ही आते, जो $260 मिलियन कम्पनी के 23 प्रतिशत, $60 मिलियन से आधे ही रह जाते. अब आप 60 प्रतिशत से $30 प्रतिशत लेना पसन्द करेंगे या $260 मिलियन का 23 प्रतिशत, $60 मिलियन लेना ?

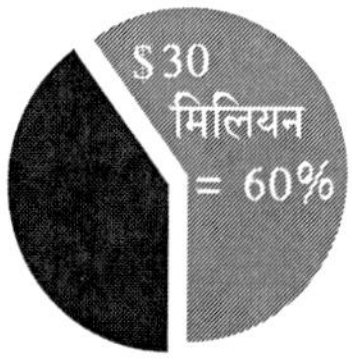

$ 50 मिलियन कम्पनी

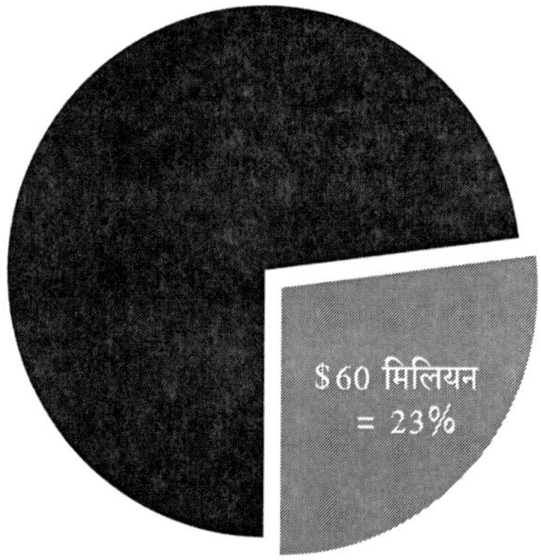

$ 260 मिलियन कम्पनी

मॅकडोनल्ड का आरम्भिक इतिहास भी कुछ इसी प्रकार का था. संस्थापक रे क्रॉक को अपनी माल्कियत का 22% कम्पनी के विकास एवं परिचालन के लिए छोड़ना पड़ा था, जिससे वे बहुत बेचैन थे. मॅकडोनल्ड के एक एक्ज़ीक्यूटिव ने श्रीमान

क्रॉक से कहा, ''आपको एक बात ध्यान में रखनी चाहिए, श्रीमान रे कि किसी वस्तु का 78% अधिक अच्छा है बजाय ना-कुछ की 100 प्रतिशत मालिकी के.''[38]

युनायटेड स्टेट्स में पूँजी-निर्माण का अध्ययन

अमेरिकन इतिहास बताता है कि पूँजी का निर्माण और विकास किस-किस समय पर, किस प्रकार से हुआ. इसके लिए तालिका देखें. इस अध्ययन में आई सभी राशियाँ सन् 2005 की भाव-बढ़ोतरी के अनुसार सुधार दी गई हैं. सन् 1960 में 53 मिलियन परिवार थे जिनकी औसत कमाई $50,062 थी, जिसका कुल जोड़ $2.65 लाख करोड़ होता है. सन् 2000 में अमेरिका में 105 मिलियन परिवारों की औसत कमाई $88,745 थी जिसका कुल जोड़ $9.37 ट्रिलियन - लाख करोड़ - होता है. इस प्रकार से सन् 1960 से 2000 के बीच जनसंख्या का प्रतिशत दुगना हो गया. जब कि सामूहिक कमाई 3.5 गुनी बढ़ी. इस प्रकार, यदि कोई नई कमाई नहीं हुई होती और आबादी दुगनी हो जाती तो कमाई 40 वर्षों में आधी हो जाती, $25,000. मगर ऐसा हुआ नहीं क्योंकि नई पूँजी का निर्माण किया गया. आबादी दुगनी हो गई और औसत कमाई भी 77 प्रतिशत बढ़ गई.

पूँजी-निर्माण का अमेरिकन इतिहास

	1960	1980	2000	बढ़त
अमेरिका की कुल निजी कमाई 39	$2.65 ट्रिलियन	$5.26 ट्रिलियन	$9.37 ट्रिलियन	$3.5 गुनी
कुल अमेरिकन परिवार 40	53 मिलियन	80 मिलियन	105 मिलियन	2.0 गुना
औसत घरेलू आय	$50,062	$65,414	$88,745	77%
डॉलर में कमाई को सन् 2005 के भाव बढ़ोतरी स्तर तक सुधारा हुआ				

मेहनत और उद्यमों की सहायता से अमेरिकनों ने अपनी कमाई को $2.65 ट्रिलियन - लाख करोड़ डॉलर - से बढ़ा कर $9 ट्रिलियन कर लिया. हमारा ध्यान उसके निर्माण पर होना चाहिए बजाय उस पूँजी के पुनर्वितरण पर.

बेंजमिन फ्रेंकलिन : एक प्रेरक निर्माता

''जब हम किसी के महान् आविष्कार से लाभ उठाते हैं, तो हमें उस समय खुश होना चाहिए कि हमें भी अवसर मिल रहा है कि हम भी दूसरों को अपनी किसी खोज का लाभ दें. और हमें यह खुले दिल और दिमाग से उदारता से करना चाहिए.''

–बेंजमिन फ्रेंकलिन

''बेंजमिन फ्रेंकलिन का उत्थान काल सन् 1706 से 1790 – का आरम्भ बहुत साधारण था. इसके बाद विश्व के सबसे सफल अमेरिकनों में उन्होंने अपना स्थान बनाया जो सफलता की एक मिसाल बन गया.''[41] सारे जीवन वे एक निर्माता बने रहे, लेखक, व्यवसायी, आविष्कर्ता, मानवतावादी तथा एक प्रशासनिक अधिकारी के रूप में उन्होंने समाज को अनेकों महत्वपूर्ण योगदान किए.

लेखक

फ्रेंकलिन एक गहन पाठक और सृजनशील लेखक थे. अपनी आत्मकथा में वे लिखते हैं, ''मैं बचपन से ही पढ़ने में गहरी दिलचस्पी रखता था. मुझे जो भी पैसा मिलता, मैं सारा का सारा पुस्तकें खरीदने में लगा देता.''[42] उनकी एक सफल रचना थी *'निर्धन रिचर्ड की डायरी'* जिसका प्रकाशन उन्होंने सन् 1732 के अन्त में आरम्भ किया था. *निर्धन रिचर्ड की डायरी* ने उनके जीवन के दो लक्ष्यों, अच्छा करके अच्छा पाना को जोड़कर पेश किया था : सम्पत्ति का निर्माण और गुणों का प्रसार. अपने पच्चीस वर्षों के जीवन-काल में वह अमेरिका का सबसे लोकप्रिय हास्यरस का ग्रन्थ बना.''[43] फ्रेंकलिन उस *डायरी* के बारे में लिखते हैं, ''मैंने प्रयत्न किया कि उसे मनोरंजक के साथ-साथ उपयोगी भी बनाऊँ और इस कारण से उसकी माँग इतनी अधिक बढ़ गई कि मुझे उससे लगातार लाभ मिलता रहा, प्रति वर्ष करीब दस हजार डॉलर. और यह देखकर कि लोग उसे अक्सर पढ़ते रहते हैं... मैंने उसे शिक्षा देने का साधन मान लिया... उसकी हर खाली छोटी से छोटी जगह को, उद्यम और कम खर्च के प्रेरणा-वाक्यों से भर दिया ताकि वह धन तथा अन्य गुणों को पाने का वाहन बन जाए.''[44] उस डायरी की कुछ सूक्तियों को हम यहाँ दे रहे हैं :

"शादी से पहले अपनी आँखों को पूरी तरह से खुली रखें और बाद में आधी बन्द कर लें."

"सावधानी का एक आउंस, इलाज के एक पाउंड से अधिक कीमती होता है."

"दूसरों में उनके गुण ढूँढ़ें और स्वयं में अपनी बुराइयाँ."

"अपने वैवाहिक जीवन में परेशानी अनुभव कर रहे हैं ? तो फिर समय नष्ट नहीं करें, क्योंकि उसी पदार्थ से जीवन बना है."

"वह जो कुत्तों के साथ सोता है, पिस्सुओं के साथ जागेगा."

"एक अच्छा उदाहरण ही सर्वश्रेष्ठ उपदेश है."

"छोटे खर्चों का खयाल रखें क्योंकि एक छोटा-सा रिसाव भी बड़े जहाज को डुबो सकता है."

"अपने शत्रुओं से प्यार करें क्योंकि वे ही आपको आपके दोष बताएँगे."

"इस डायरी के अन्तिम संस्करण में फ्रेंकलिन सभी बातों का सारांश एक काल्पनिक बूढ़े पात्र फादर अब्राहम के मुँह से भाषण के रूप में कराते हैं जो धागे में पिरोकर पेश करता है ताकि कमखर्ची और गुणों का महत्व समझ में आ जाए... उस भाषण का प्रकाशन भी द *वे टु वेल्थ* के नाम से हुआ था और वह कुछ समय के लिए साम्राज्यवादी ब्रिटिश शासन से प्रकाशित सबसे प्रसिद्ध पुस्तक बन गया."[45]

व्यवसायी

सन् 1728 में 22 वर्ष की उम्र में, एक मुद्रण संस्था फिलाडेल्फिया में खोली. इस बारे में वे अपनी आत्मकथा में लिखते हैं, "हम कमी महसूस कर रहे थे... हमने अपना प्रेस अपने एक परिचित ज्यॉर्ज हाउस के साथ व्यवस्थित किया. वे हमारे लिए एक ग्रामीण प्रिंटर को लाए जो सड़कों पर छपाई के काम की तलाश में घूम रहा था... इस ग्रामीण के पाँच शिलिंग, जो हमारी पहली उपज थे और जो ठीक मौके पर मिले थे, उसके बाद कमाए किसी भी मुकुट से अधिक कीमती थे."[46]

कस्बे की राय में फ्रेंकलिन का प्रेस बन्द होनेवाला था क्योंकि उसकी टक्कर में, उस क्षेत्र में, पहले से ही दो प्रेस काम कर रहे थे. मगर फ्रेंकलिन के परिश्रम एवं समर्पण ने उसे सफल बना दिया. फ्रेंकलिन अपने ग्राहकों के लिए इतनी कड़ी मेहनत

करते कि लोग दूसरों से उनका उल्लेख करते और उन्हें सम्पर्कों के माध्यम से काम मिलता. उन्होंने एक समाचार-पत्र तथा *निर्धन रिचर्ड की डायरी* भी छापी जिनसे मुनाफा मिलने लगा. शहर के एक सुप्रसिद्ध व्यापारी डॉ. बेयर्ड ने लिखा था, अपने कार्य-क्षेत्र में फ्रेंकलिन हर किसी से श्रेष्ठ थे. मैंने ऐसे किसी भी व्यक्ति को अब तक नहीं देखा था; वे तब भी काम में लगे होते जब मैं रात को क्लब से घर लौटता और तब भी काम कर रहे होते जब उनके पड़ौसी सुबह बिस्तर में पड़े होते.''[47]

''सन् 1730 के आरम्भ के महीनों तक फ्रेंकलिन का व्यापार जोरों से चलने लगा. उनके युवा कर्मचारी अपना कार्य पूरा करने के बाद आस-पास के क्षेत्रों, चार्ल्सटन से हार्टफोर्ड तक, नई पार्टनरशिपें स्थापित करके अपना साम्राज्य फैलाने लगे. वे प्रेस की मशीनें और खर्च की कुछ रकम उन्हें दे देते तथा प्रकाशन की कुछ सामग्री भी देते और उसके बदले में वे उन लोगों की कमाई की कुछ रकम ले लेते.''[48]

फ्रेंकलिन डॉ. बेयर्ड तथा अन्य लोगों के आभारी थे जिन्होंने व्यवसाय के आरम्भिक काल में उनकी सहायता की थी और वे स्वयं जीवन भर नए युवाओं की मदद करते रहे. अपनी वसीयत के अनुसार फ्रेंकलिन ने £1000, करीब $4,400 बॉस्टन और दूसरे £1000 फिलाडॉल्फिया शहर को दान किए थे. ये शहर उस रकम को खर्च न कर दें इसके लिए उन्होंने उस रकम को एक ट्रस्ट में स्थायी रूप से रख दिया और उसे निवेशित कर दिया. उसके ब्याज की कमाई से उन लोगों को ऋण दिया जाता था जो 26 वर्ष से कम आयु के थे, विवाहित थे और जिन्हें व्यवसाय आरम्भ करना होता था. ट्रस्ट के दो सौ वर्षों के समय में, ट्रस्ट ने सैकड़ों लोगों को लोन दिया. ट्रस्ट की राशि फिलॅडेल्फिया में $2.25 मिलियन हो गई और बॉस्टन की $5 मिलियन.''[49] बेंजामिन फ्रेंकलिन ने चक्रवृद्धि ब्याज के सामर्थ्य को समझ लिया था. उन्होंने लिखा, ''ध्यान में रहे कि पूँजी का स्वभाव ही प्रचुरता पैदा करना है. पैसा पैसे को आकर्षित करता है और उसकी सन्तानें और ज्यादा उत्पत्ति करती हैं, और क्रम चलता रहता है. पाँच शिलिंग छह बन जाते हैं, फिर बढ़कर सात शिलिंग तीन पेंस, फिर और ज्यादह होकर सौ पाउंड.''[50]

''मौलिक आर्थिक सिद्धान्तों को समझने के उनके प्यार ने उन्हें 42 वर्ष की कम उम्र में ही रिटायर कर दिया और इसी बिन्दु पर आकर उन्होंने पैसे को फिर से

समय में बदला और शीघ्र निवृत्त हो गए. अगले 42 वर्षों तक, 84 वर्ष की आयु में अपनी मृत्यु से पहले उन्होंने असम्भव को पा लिया था. हममें से अधिकांश के पास, इन उपलब्धियों को पाने के लिए अतिरिक्त समय नहीं होता है, इसलिए नहीं क्योंकि हम अपने समय का प्रबंधन ठीक से नहीं करते हैं, बल्कि इसलिए क्योंकि हममें से अधिकांश अपने समय को पैसा पैदा करने में बदल देते हैं.''[51]

बेंजमिन फ्रेंकलिन ने एक युवा व्यवसायी को यह सलाह सन् 1748 में दी थी : धन की ओर जानेवाला रास्ता, यदि आप चाहें तो इतना सीधा हो सकता है जितना मार्केट जाने का रास्ता. यह मुख्यतया दो शब्दों पर आश्रित रहता है, परिश्रम और कमखर्च. यहाँ आकर न समय व्यर्थ गँवाओ और न धन. दोनों का सबसे अच्छा उपयोग करो... मैं आपको पैसे को काबू में रखने का असली रहस्य समझाऊँगा ताकि खाली बटुए भरें और हमेशा भरे रहें. दो साधारण से नियम हैं, यदि उनका पालन करेंगे तो फल मिलते रहेंगे. पहला, ईमानदारी और मेहनत् को सदैव अपना साथी बनाकर रखें; और दूसरा, जितना कमाते हैं उससे कम खर्च करें... फिर आप उस स्थान पर पहुँच जाएँगे जहाँ सुख मिलता है और स्वाधीनता भी.''[52]

आविष्कारक

फ्रेंकलिन अमेरिका के एक अग्रणी खोजी थे. उन्होंने आर्मोनिका का सृजन किया था, पॅनसिल्वानिया का अग्निकुंड, अमेरिका का प्रथम कॅथेटर – नालशलाका–, खाद–उत्पादक, विद्युतवाहिनी रॉड, चष्मे का बाय–फोकल लेंस तथा ऑडो–मीटर–चक्करमापी यंत्र.

पॅन्सिल्वानिया अग्नि–कुंड

सन् 1740 के आरम्भिक दिनों में एक 'लकड़ी से जलनेवाले स्टोव' का आविष्कार किया था जिन्हें अग्नि–कुंडों में लगाने से अधिकतम ऊर्जा मिलती थी और कम–से–कम धुआँ और कालिख पैदा होते थे. गर्मी के प्रवाह के इस संवहन और परिवर्तन के नियम के आधार पर फ्रेंकलिन ने इस अनोखे यंत्र का निर्माण किया था.''[53] सन् 1744 में उन्होंने इस स्टोव का निर्माण करके समग्र उत्तर–पूर्वी प्रदेशों में बेचना आरम्भ कर दिया.

खाद उत्पादक

फ्रेंकलिन ने खोज की थी कि चूने के पत्थरों - लाइम स्टोन - से मिलते-जुलते प्रकार के पत्थर जिप्सम को चूना की ही तरह से पीसकर लेंड प्लास्टर बनाया जा सकता है और फिर उसे खेतों में लगाने से वह उर्वरक, खाद का काम करता है. फ्रेंकलिन ने अपने पड़ौसियों से कहा कि इससे उनके खेतों की उपज बढ़ जाएगी. उन्होंने फ्रेंकलिन से विवाद किया कि खेतों में जिप्सम की परत को लगाने से कोई लाभ नहीं हो सकता है. अपनी बात को साबित करने के लिए फ्रेंकलिन ने एक प्रमुख रास्ते के किनारे के बनमेथी के खेत में भू-प्लास्टर की परत लगाई और उस पेन्सिल्वानिया के खेत में एक तख्ती पर यह लिखकर लगा दिया, ''इस खेत में जिप्सम की परत लगाई गई है,'' और ये अक्षर बनमेथी के खेत की उँचाई और रंग के कारण सहजता से पढ़े जा सकते थे.''[54]

फ्रेंकलिन की खोज के बाद अनेकों लोगों ने तुलनात्मक रूप से जिप्सम से पुते खेतों का अध्ययन किया और पाया, ''माप के एक पैमाने को भरकर एक एकड़

जमीन पर फैलाने से जमीन अपने वज़न से 20 गुना अधिक वनमेथी का उत्पादन, एक बार में देती है.''[55] फ्रेंकलिन ने खाद्य उत्पादन को आश्चर्यजनक रूप से बढ़ाने का मार्ग खोज लिया था.

विद्युत्ग्राही डंडा

सन् 1743 की गर्मियों में, बॉस्टन की यात्रा के बीच फ्रेंकलिन को एक प्रवासी वैज्ञानिक-दल मिला जिसका स्कॉटिश नायक तरह-तरह के विज्ञान के खेल और बिजली के करतब दिखलाता था. फ्रेंकलिन ने इन प्रयोगों के बारे में लिखा था, ''क्योंकि यह विषय मेरे लिए बिल्कुल नया था, उसने मुझे भी आश्चर्यचकित और आनन्दित किया... मैंने अधीरता से उन अनुभवों को दोहराने का प्रयत्न किया जिन्हें मैंने बॉस्टन में देखा था और कड़ी मेहनत के बाद उन्हें उतनी ही सफलता से दुहराने लगा और उनमें अनेकों नई क्रियाएँ भी जोड़ दीं.''[56]

फ्रेंकलिन बिजली के अध्ययन में मग्न थे, अनेकों प्रयोग करते रहते, कई तो उन्हें धक्का मारकर दुखदायी तरीके से बेहोश तक कर देते. उन्होंने इससे विद्युत की अनेकों खूबियों का पता लगाया, मगर उसके व्यावहारिक उपयोग का पता लगाना बाकी था. वे लिखते हैं, ''मुझे खीज हो रही है कि हम इसकी, मानव-जाति के लिए उपयोगी कोई भी बात अब तक नहीं ढूँढ़ पाए हैं.''[57] फिर उन्होंने परिहास करते हुए कहा, ''बिजली के इस झटके को उन लोगों को देना चाहिए जो कहते हैं कि यदि अब तक इसका कोई प्रमुख उपयोग नहीं खोजा जा सका है तो इतना ही काफी है कि इसे उस शेखीबाज को देना चाहिए ताकि उसकी शेखी खत्म हो जाए.''[58]

''अपने प्रयोगों के जर्नल में वे नवंबर सन् 1749 में लिखते हैं कि उन्होंने बिजली के शॉक्स एवं आकाशीय बिजली में अनेकों समानताओं का पता लगाया है... शताब्दियों तक बिजली की चमक के विध्वंसकारी कोड़े को मनुष्य आधिदैविक प्रक्रिया या देवताओं की इच्छा मानता आया है. तूफान के आगमन पर चर्च के घंटों को बजाया जाता था ताकि बिजली को गिरने से रोका जा सके. 'धातुओं की गूँज से दैत्य परे हट जाते थे और तूफान और तड़ित् मार्ग बदल देते थे' ऐसा सेंट थॉमस एक्विनस का कथन था. मगर अधिक धार्मिक और आस्थावान लोगों ने भी ध्यान दिया होगा कि यह अधिक असरकारक सिद्ध नहीं होता था. सिर्फ जर्मनी में ही,

पैंतीस वर्षों के समय में, सन् 1700 में, 386 चर्चों पर बिजली गिरी थी और एक सौ से अधिक घंटा बजानेवाले मरे थे.''[59] फ्रेंकलिन ने बाद में हावर्ड के प्रोफेसर जॉन विन्थ्रोफ को लिखा था, ''बिजली मानों चुन-चुनकर मीनारों पर उसी समय हमला कर रही थी, जब उसके घंटे बजाए जाते थे; मगर फिर से उन्हें नए घंटों से आशीर्वादित कर दिया जाता है और पुराने और नए घंटे बिजली चमकने पर फिर से खड़खड़ाने लगते हैं. ऐसे में कोई भी सोच सकता है कि अब, बचने का कोई नया उपाय सोचने का समय आ गया है.''[60]

फ्रेंकलिन का विश्वास था कि यदि उनकी धारणा कि चमकती बिजली ही इलेक्ट्रिसिटी है, ठीक है तो बिजली के डंडों का उपयोग घरों को बचाने के लिए, चर्चों, जहाजों और अन्य निर्माणों को, प्रकृति के सबसे बड़े उत्पात और खतरे से बचाने के लिए किया जा सकता है, जिसे मानव जाति भोग रही है. इसने उनके सुप्रसिद्ध प्रयोग को जन्म दिया जिसके अनुसार उन्होंने तड़ित् बिजली के प्रवाह की, लेडन जार में संकलित, स्वयं की प्रयोगशाला में पैदा की बिजली से तुलना की थी. फ्रेंकलिन ने एक रेशमी पतंग बनाई जिसके सर पर से नुकीले तार निकले हुए थे जो आकाश की बिजली के प्रवाह को जमा करते. फिर उन्होंने धागे के धरती के छोर पर एक चाबी लटका दी ताकि चाबी के सहारे तार में विद्युत को प्रवाहित किया जा सके और बिजली के स्फुलिंगों को संकलित किया जा सके. जून सन् 1752 को आकाश में तूफान उठा. फ्रेंकलिन और उनके पुत्र विलियम ने पतंग उड़ाई. कुछ समय बाद पतंग की डोरी तनी और फ्रेंकलिन ने अपनी उँगली के पोर को चाबी के नीचे रखा और चिंगारियाँ पैदा हुईं. फिर फ्रेंकलिन उस चिंगारियों को लॅडन जार में जमा करने के लिए आगे बढ़े और उन्हें पता चला कि आकाशीय बिजली में भी वे ही सब गुण थे जो मानव-निर्मित बिजली में. उस वर्ष गर्मियों में फ्रेंकलिन ने दो ऊँचे मकानों पर दो बिजली के डंडों को गाड़ा, एक को फिलाडेल्फिया में और दूसरे को स्वयं के घर पर.

''इसके बाद तो बिजली के डंडे सारे योरप और ब्रिटिश साम्राज्य में मानो उगने लगे. सहसा फ्रेंकलिन एक प्रसिद्ध व्यक्ति बन गए. सन् 1753 के ग्रीष्म काल में हार्वर्ड एवं येल ने उन्हें मानद उपाधियाँ प्रदान कीं... उनकी कुछ वैज्ञानिक खोजें मानवता के लिए तत्काल इतनी अधिक उपयोगी सिद्ध हुईं... ब्रह्मांड के गूढ़ रहस्यों को खोजने में, उन्होंने प्रकृति के सबसे भयानक खतरे पर विजय पाई थी.''[61]

मानवतावादी / लोकोपकारी

जंटो परिषद्

सन् 1727 के पतझड़ में फ्रेंकलिन ने एक समूह की स्थापना की जिसका उद्देश्य स्वयं का आत्म-विकास करना, अपने व्यवसाय एवं समाज का उत्थान करना

था. वे लिखते हैं, ''मैंने अपने अधिकांश परिचितों का एक क्लब बनाया है जिसका ध्येय आपस में एक-दूसरे का विकास करना है, जिसे जंटो नाम दिया है. हम शुक्रवार की शाम को मिलते हैं.''[62] जंटो क्लब के सदस्यों ने फ्रेंकलिन की अनेकों योजनाओं और खोजों में मदद की थी.

फिलाडेल्फिया की लाइब्रेरी कंपनी

सन् 1731 में जंटो के अन्य सदस्यों की सहायता से फ्रेंकलिन ने अमेरिका की सर्वप्रथम सर्क्युलेटिंग लाइब्रेरी का निर्माण किया जिससे जनता को पुस्तकें अधिक संख्या में उपलब्ध हो सकें. इसके अलावा, खरीदने की शक्ति न होते हुए भी वे पुस्तकों को कुछ समय के लिए पाकर पढ़ सकें. फ्रेंकलिन लिखते हैं, ''इन पुस्तकालयों ने अमेरिकनों के सामान्य वार्तालाप को सुधारा, साधारण व्यवसायियों एवं किसानों को उतना ही सभ्य और बुद्धिमान बना दिया जितने दूसरे देशों के अधिकांश जेंटलमॅन होते हैं, और शायद अपने अधिकारों की रक्षा के लिए समूचे राष्ट्रों के नागरिक जिस हद तक लड़ते हैं, एक सीमा तक उसे भी दिला दिया.''[63] फिलाडेल्फिया की लाइब्रेरी कंपनी के पास सन् 1741 में 375 पुस्तकें थीं, जो अब बढ़कर 5,00,000 पुस्तकें हो गईं हैं और हजारों लोग प्रति वर्ष पुस्तकालय में आते हैं.

पॅन्सिल्वानिया युनिवर्सिटी

फ्रेंकलिन शिक्षा के एक सुदृढ़ समर्थक थे और वे पॅन्सिल्वानिया में एक कॉलेज की स्थापना करना चाहते थे. ''सन् 1749 में बेंजामिन फ्रेंकलिन ने अपनी नए प्रकार के शिक्षा-केन्द्र की जीवन-दृष्टि को प्रस्तुत किया जो अमेरिकन कॉलॉनियल कॉलेजों से सर्वथा भिन्न थी जो पादरियों की शिक्षा पर ध्यान न देकर विद्यार्थियों को व्यवसाय एवं जन-सेवाओं के बारे में ज्ञान करानेवाली थी. अध्ययन का प्रस्तावित कार्यक्रम राष्ट्र का प्रथम आधुनिक, उदारतावादी पाठ्यक्रम था.''[64] फ्रेंकलिन अपने *पेन्सिल्वानिया के युवाओं की शिक्षा से संबंधित प्रस्ताव* में लिखते हैं, ''युवाओं की अच्छी शिक्षा के बारे में बुद्धिमानों ने हर काल में सम्मानपूर्वक लिखा है कि यह निजी एवं सार्वजनिक जीवन में सुख की अचूक नींव है जो परिवार तथा समाज में सफल होती है... शिक्षा का कार्य हमें विकसित करना है. एक झुकाव, जिसके साथ योग्यता,

मानव-जाति की सेवा की भावना, अपने राष्ट्र, मित्रों तथा परिजनों... और साथ ही साथ निश्चित् रूप से उच्च आदर्श ही सभी प्रकार की शिक्षा का ध्येय होता है.''[65]

फ्रेंकलिन ने उस संस्था के लिए धन जमा किया और विस्तार से उन विषयों का वर्णन किया जिन्हें ''गहराई से, कार्यक्रमों के अनुसार, सर्वश्रेष्ठ पद्धति से पढ़ाना है - उच्चारण से लेकर सैनिक-इतिहास तक.''[66] ऍकाडमी का आरम्भ जनवरी 1751 में हुआ - जो, सन् 1791 में पेन्सिल्वानिया युनिवर्सिटी के नाम में बदल गई जिसके प्रेसिडेंट के रूप में फ्रेंकलिन बोर्ड में थे. पॅन्सिल्वानिया विश्व विद्यालय आज भी पनप रहा है और उसके विद्यार्थियों की संख्या 24,000 है और जहाँ से सैकड़ों हजार छात्र पढ़कर निकल चुके हैं.

पॅन्सिल्वानिया हॉस्पिटल

फ्रेंकलिन ने अमेरिका के सर्वप्रथम हॉस्पिटल की स्थापना डॉ. थॉमस बॉण्ड की सहायता से फिलाडेल्फिया में की. हॉस्पिटल का विचार डॉ. बॉण्ड का था और उन्होंने फ्रेंकलिन के पास जाकर अपने रचना के निर्माण में सहयोग माँगा. सन् 1751 में *पॅन्सिल्वानिया गजॅट* में एक लेख प्रकाशित किया जिसमें अस्पताल के प्रति रुचि दिखाने और आर्थिक सहायता करने की बात जनता से की गई थी. सन् 1751 के अगस्त माह में उन्होंने लिखा था, ''कुछ अच्छे विशेष लोग निजी तौर पर बीमार को लाभ पहुँचाने का काम कर सकते हैं, मगर यह उसकी तुलना में बहुत कम रहेगा जो वे सामूहिक रूप से एकत्र होकर कर सकते हैं अथवा किसी सामूहिक उद्यम एवं रुचि के कारण कर सकते हैं. अत: अस्पतालों का निर्माण... स्वागत के लिए, मनोरंजन के लिए और गरीब रोगियों के इलाज के लिए, अनुभवियों के द्वारा स्थापित करना अत्यन्त लाभदायी होगा और उनमें स्वस्थ होकर बड़ी संख्या में रोगी हर साल बाहर आएँगे जो अन्यथा अपने परिवारों एवं समाज के लिए खो जाते.''[67]

''इस विचार को लोकप्रिय बनाने के लिए फ्रेंकलिन की प्रतिभा का साथ मिला और उसके लिए पॅन्सिल्वानिया की विधान सभा एवं व्यक्तिगत रूप से नागरिकों ने सन् 1751 में आर्थिक मदद दी. विधान सभा ने फ्रेंकलिन से वादा किया कि वे जनता के आर्थिक संकलन की राशि के बराबर राशि इस कार्य के लिए मदद स्वरूप देंगे. धन जमा करने की इस पद्धति को आज 'मॅचिंग फंड प्रक्रिया' कहते हैं. उस समय यह एक

नवीन पद्धति थी. कोष एकत्र करने का दूसरा विचार किसी प्रचार-साहित्य की बिक्री करना था; पॅन्सिल्वानिया अस्पताल के आर्थिक विवरण सन् 1756; की बिक्री करना इसने 'आरम्भिक विकास-परिचय' का काम किया जिसके अन्त में राशि-दान का फॉर्म भी लगा हुआ था.''[68] कुछ मौलिक धन जुटाने की नवीन प्रक्रियाओं के कारण फ्रेंकलिन ने इच्छित धन-राशि जमा कर ली और लिखा, ''एक सुविधाजनक सुन्दर बिल्डिंग का शीघ्र ही निर्माण किया गया; अनुभवी सलाहकार डॉक्टरों की मदद से वह बहुत उपयोगी बन गया और वह विकसित होने लगा.''[69] 250 वर्ष बाद आज भी अस्पताल जनता की सेवा कर रहा है जिसमें 29,000 निवासी रोगी आते हैं और प्रति वर्ष 1,15,000 व्यक्ति बाहरी रोगी - आउट पेशंट के रूप में आते हैं. आज उसमें 5,200 से अधिक बेड हैं.''[70]

सिविल सर्वेंट - लोक सेवा

सभी संस्थापक पितामहों में से फ्रेंकलिन एकमात्र पितामह थे जिन्होंने उन तीनों दस्तावेज़ों पर दस्तखत किए थे जिसके कारण अमेरिका ब्रिटिश साम्राज्यवाद के शासन से मुक्त हुआ था और स्वतंत्र राज्य, युनायटेड स्टेट्स के रूप में स्थापित हो सका था; द डिक्लरेशन ऑफ इंडिपेंडेंस, द ट्रीटी ऑफ पेरिस और युनायटेड स्टेट्स कांस्टिट्यूशन.''[71]

'स्वाधीनता का घोषणा-पत्र' एक परम पावन महत्वपूर्ण विधान था और उसके लिए कड़ी दृढ़ता और देश-प्रेम की आवश्यकता थी. वह अंग्रेज हुकूमत के खिलाफ एक महान् देशद्रोह था - एक ऐसा गुनाह जिसकी सजा मृत्यु-दंड थी. इस पर दस्तखत करते समय, कहा जाता है कि जॉहन हेंकॉक ने टिप्पणी की थी, इन सबों को एक साथ, यह कहते हुए फाँसी पर लटका देना चाहिए, ''हाँ, हमें अवश्य, हर हाल में, एक साथ, फाँसी पर लटका दो अथवा हम आश्वासन देते हैं कि हमें एक-एक करके, बाद में, फाँसी पर लटका देना.''[72] शब्दों का यह खेल, सुझाव देता है कि यदि वे एकत्र नहीं रह सके और उनका विद्रोह विफल हो गया तो उन्हें एक-एक करके अवश्य, देशद्रोह के अपराध में मार दिया जाएगा.

विद्रोह के युद्ध के दौरान, फ्रेंकलिन सन् 1778 से 1785 तक फ्रांस के मंत्री रहे थे. फ्रेंकलिन ने 'सफलतापूर्वक एक सुलह का संधि-पत्र फ्रांस और एकीकृत

प्रदेशों के बीच किया था और फ्रेंच सरकार से ऋण लिया था जिसने अंग्रेजों के खिलाफ विद्रोह करने में मदद की थी.''[73] विद्रोह का युद्ध, एक हद तक फ्रेंकलिन की राजनीति के कारण औपचारिक रूप से, पेरिस की संधि के समय समाप्त हो गया जिसके परिणाम स्वरूप विश्व के महान् बलशाली देशों फ्रांस और ग्रेट ब्रिटेन का जन्म हुआ और उन्होंने युनायटेड स्टेट्स को एक ''मुक्त, स्वायत्त और स्वाधीन राज्य'' के रूप में स्वीकार कर लिया.''[74]

स्वाधीनता के विद्रोह के युद्ध में विजय पाने के बाद, अमेरिकन कॉलॉनीज़-राज्य समूहों को एक नए राष्ट्र एवं सरकार की संस्थापना का अवसर मिला. द आर्टिकल्स ऑफ कॉन्फेडेरेशन - संघटन का विधान - प्रथम प्रशासनिक दस्तावेज़ था जो नए 13 स्वतंत्र नागरिक बस्तियों को ढीले-ढाले तरीके से एक साथ नियमों में बाँधता था. मगर इतना, एक नए राष्ट्र की स्थापना एवं सम्पूर्ण संचालन के लिए यथेष्ट नहीं था. एक नए संविधान की स्थापना एवं नए प्रकार की सरकार की रचना के लिए कांस्टीट्यूशनल कन्वेंशन - संविधानिक सम्मेलन फिलाडेल्फिया में बुलाया गया. जो मई 25, 1787 से 17 सितंबर, 1787 तक चला, जिसकी अध्यक्षता ज्यॉर्ज वाशिंगटन ने की और जिसमें अन्य 54 महान् नेता भी शामिल थे, जिनमें एक बेंजमिन फ्रेंकलिन भी थे, जिन्होंने संविधान का मसौदा बनाया.

सितम्बर सन् 1787 में संविधान की रचना पूर्ण हुई और उस पर हस्ताक्षर हुए; मगर 55 प्रतिनिधियों में से अनेक उससे अप्रसन्न थे. फ्रेंकलिन ने एक भावुकता से भरा वक्तव्य दिया. जिसमें उन्होंने अपनी प्रेरणादायक कला का उपयोग किया था और सभी प्रतिनिधियों को संविधान पर दस्तखत करने को कहा था.''[75] उनके भाषण का एक हिस्सा था, ''मैं स्वीकार करता हूँ कि मैं भी पूरी तरह से इस संविधान से इस समय सहमत नहीं हूँ... जब हम अनेक प्रकार के लोगों को उनके ज्ञान का लाभ पाने के लिए एकत्र करते हैं तो हम उनके साथ-साथ उनके द्वेषों, उनके उत्साह, उनके गलत निर्णयों, उनकी स्थानीय रुचियों और उनके स्वार्थी दृष्टिकोणों को भी आमंत्रित कर लेते हैं. क्या इस प्रकार के मिलन से किसी सम्पूर्ण, स्वस्थ निर्माण की आशा की जा सकती है ? अत: मुझे आश्चर्य होता है कि उनकी प्रक्रिया पूर्णता के इतने अधिक पास पहुँच चुकी है कि वह हमारे शत्रुओं को भी चकित कर देगी... मैं आशा कर रहा हूँ कि हम स्वयं अपने लिए, जनता का एक हिस्सा होने के कारण और अपनी भावी

पीढ़ियों के लिए, हम हार्दिकता से, एक होकर, इस संविधान का अनुमोदन करेंगे.''[76] फ्रेंकलिन के वक्तव्य के बाद संविधान पर हस्ताक्षर हो गए. ''आखिरी सदस्यों के हस्ताक्षर करने के बीच, डॉ. फ्रेंकलिन ने प्रेसीडेंट के आसन की ओर देखते हुए, जिसके पीछे एक उगते सूर्य का चित्र बना हुआ था, अपने पास खड़े कुछ सदस्यों से कहा कि चित्रकारों को हमेशा से उगते सूर्य और सूर्यास्त के सूर्य का फर्क बताने में कठिनाई होती है. वे आगे बोले, ''मैंने बार-बार, अधिवेशन के बीच, और अपने उतार-चढ़ाव के दिनों में, आशा और आशंका के बीच, इस समस्या के बारे में सोचा है और आज प्रेसीडेंट की कुर्सी के पीछे चित्र के बारे में बिना जाने कि यह डूबते सूर्य का चित्र है या उगते, मगर अब, अन्त में, मुझे बताते हुए हर्ष हो रहा है कि यह निश्चय ही उगते सूर्य का चित्र है, न कि डूबते सूर्य का.''[77] और वह यथार्थ में प्रात: काल के सूर्य का चित्रांकन था. आज युनायटेड स्टेट्स ऑफ अमेरिका के नागरिकों की संख्या 300 मिलियन से अधिक है और उसकी समग्र कमाई $9 ट्रिलियन - दस खरब एक लाख करोड़ डॉलर है.

नवनिर्माण का उत्तरदायित्व

फ्रेंकलिन 17 अप्रैल 1790 में, 84 वर्ष की आयु में परलोक सिधारे. ''अन्दाज़ है कि उनकी अन्त्योष्टि में करीब 20,000 लोग शोक मनाने आए थे. जब 6 अक्टूबर, 1723 के दिन फ्रेंकलिन फिलाडेल्फिया बन्दरगाह में उतरे थे, वे एक घर से भागे खंडित इन्सान थे. आज उसी बन्दरगाह में जहाँ फ्रेंकलिन उतरे थे, जहाज अपने झंडों को आधा उतारकर लहरा रहे थे - उस व्यक्ति के लिए जिसने विश्व को समृद्ध बनाया.''[78] फ्रेंकलिन ने अपना सारा जीवन निर्माण करने में बिताया और आज, उनके जाने के 250 वर्ष बाद भी उनके कार्य करोड़ों लोगों को आशीर्वाद दे रहें हैं. निर्माण का आपका अपना उत्तरदायित्व क्या होगा ?

निष्कर्ष

अब्राहम लिंकन ने हमें सिखाया था, ''सबों के लिए यही अच्छा है कि वे दूसरों को स्वतंत्र छोड़ दें ताकि वे जल्दी से जल्दी सम्पत्ति हासिल कर सकें. कुछ अमीर बन जाएँगे. मैं उस कानून के खिलाफ हूँ जो आदमी को अमीर बनने से रोकता

है; वह लाभ से अधिक हानि करेगा... जब कोई गरीबी से आरम्भ करता है, जैसा कि अधिकांश लोग जीवन की दौड़ में करते हैं, तो वह जानता है कि स्वाधीन समाज में वह अपनी हालत सुधार सकता है...और मुझे यह स्वीकार करने में कोई लज्जा नहीं होती कि पच्चीस वर्ष पहले मैं एक किराए का मजदूर था... मैं चाहता हूँ कि हर किसी को अवसर मिले... जिसमें वह अपनी परिस्थिति सुधार सके... जब वह आगे की ओर देखे और इस साल किराए का मजदूर बनने की आशा करे और अन्त में स्वयं के लिए मजदूरों को काम पर रख सके. यही सही व्यवस्था है... सम्पत्ति मेहनत का फल है: उसका होना अच्छा लगता है, वह संसार की सार्थक अच्छाई है. कुछ को अमीर होना चाहिए अत: यह उद्योग-धंधों को प्रोत्साहन है. जिसका कोई घर नहीं है वह दूसरों के घरों को नष्ट न करे बल्कि उसे मन लगाकर मेहनत करनी चाहिए ताकि स्वयं के लिए भी वह एक घर बना सके.''[79]

विशेष गुण 3 : आत्म-निर्भरता

"प्रत्येक मजदूर की एक कीमत होती है और वह कीमत स्वाधीनता की होती है. हमें अपने आत्म-निर्भरता के गुण को सँभालकर रखना चाहिए, स्वयं के लिए कुछ निर्माण करने की खासियत को बनाए रखना चाहिए और सदा बना रहे आजादी के लिए हमारा सच्चा प्यार."

– कॅमेरॉन सी. टेलर

अध्याय IV

नुकसानदेय सहायता से बचें

"दान हानि करता है यदि वह पानेवाले को उससे मुक्ति नहीं दिलाता"

– जॉहन डी. रॉकफेलेर, जूनियर

एक धनवान परिवार के बारे में एक कहानी है जिसमें पिता ने निचली सतह से सफल होते हुए एक सफल और अत्यन्त विशाल व्यवसाय स्थापित किया था. पिता जब रिटायर होने लगे तो उन्होंने पुत्र को अपने ऑफिस में बुलाया और कहा कि वे चाहते हैं कि वह अब उनके व्यवसाय को धीरे-धीरे सँभाल ले. लड़का उत्साह से भर गया और उसने पूछा, "उसे आप मुझे कब देनेवाले हैं ?" पिता ने उत्तर दिया, "मैं तुम्हें कुछ भी देनेवाला नहीं हूँ, तुम्हें उसे कमाना पड़ेगा." पुत्र ने पूछा, "वह मैं कैसे कर पाऊँगा ?"

पिता ने जवाब दिया, "पहले तुम्हें $10,000 कमाने पड़ेंगे जिससे तुम इस कम्पनी की मालकियत का एक हिस्सा खरीद सको." जब लड़का अपनी खोज में आगे बढ़ा तो उसकी माँ ने उसे पकड़ लिया और उसके हाथ में $10,000 देते हुए कहा कि वह उसे अपने पिता को दे दे. अपने सौभाग्य पर इतराते हुए लड़का दौड़कर अपने पिता के पास गया. पिता अलाव के पास बैठकर एक किताब पढ़ रहे थे. पुत्र ने पिता के पास जाकर उनसे कहा, "पिताजी, पिताजी, ये हैं व्यापार करने के लिए $10,000." बिना नजरें उठाए पिता ने पैसे लिए और आग में डाल दिए. पुत्र चकित, परेशान खड़ा-खड़ा यह सब देखता रहा. जब पैसे जल रहे थे तो पिता ने कहा, "तुम तब वापिस आना जब पैसे कमा चुको."

जब वह कमरे से जा रहा था तो माँ ने फिर से 10,000 डॉलर दिए और कहा कि पिता को समझाने की कोशिश करो कि पैसे तुमने सचमुच कमाए हैं. इस पर लड़के ने खुद को घसीट कर तैयार किया, घर के चारों ओर कुछ चक्कर काटे और

फिर से अपने पिता को खोजने निकला. उसके पिता अब भी अलाव के पास बैठे किताब पढ़ रहे थे. लड़के ने अपने पिता के पास जाकर कहा, ''पैसा कमाना सचमुच कितना कठिन होता है. ये हैं 10,000 डॉलर. मैं सचमुच व्यापार को सँभालना चाहता हूँ.'' फिर से एक बार पिता ने 10,000 डॉलर लिए और आग में फेंक दिए. जब नोट जल रहे थे, लड़के ने पूछा, ''आपको कैसे मालूम पड़ा कि ये पैसे मैंने नहीं कमाए थे ?'' पिता ने उत्तर दिया, ''उस पैसे को गँवाना या खर्च करना बहुत सरल होता है जो हमारा अपना नहीं होता.''

अब पुत्र को समझ में आ गया था कि उसे तब तक व्यवसाय नहीं मिलनेवाला है जब तक वह स्वयं, सचमुच $ 10,000 नहीं कमा लेता. उसे व्यापार चाहिए था, अत: जब उसकी माँ ने उसे फिर से पैसे देने चाहे, उसने लेने से मना कर दिया. बाहर निकलकर उसने कुछ फुटकर काम किए. काम के लिए उसे बहुत जल्दी उठना पड़ता और रात को देर तक जागना पड़ता था. मगर उसने काम किया और तब तक किया जब तक कि 10,000 डॉलर कमा नहीं लिए. फिर गर्व से वह अपने पिता के ऑफिस

में गया और उन्हें वे पैसे भेंट किए. पहले की ही तरह पिता अलाव के पास बैठे किताब पढ़ रहे थे. पहले की ही तरह से उन्होंने पैसों को लेकर आग में फेंक दिया. जैसे ही नोट आग में गिरे, लड़का दौड़कर गया और आग में हाथ डालकर पैसों को बाहर निकाल लिया. पिता ने पुत्र की आँखों में झाँककर देखा और कहा, ''मैं देख रहा हूँ कि तुमने इस बार सचमुच पैसों को कमाया है.''

माँ-बाप की ओर से हानिकर मदद

एक व्यवसाय के मालिक और चर्च के लीडर को यह अनुभव हुआ था : ''मुझे याद है, कुछ वर्ष पहले, एक युवक अपनी पत्नी एवं छोटे-छोटे बच्चों के साथ हमारे एरिज़ोना प्रदेश में रहने आए. उनके साथ परिचय होने के बाद उसने हमें बताया कि बढ़ती जवानी में उसे कितने अधिक कष्ट झेलने पड़े थे. सुबह पाँच और छह बजे उठकर उसे अखबार बाँटने पड़ते थे. उसे खेत में जाकर ऐसे बहुत-से काम करने पड़ते थे जो आज भी उस की आत्मा को पीड़ित कर रहे हैं. फिर इस वाक्य से उन्होंने अपने कथन को समाप्त किया, 'मेरे बच्चों को वह सब कभी नहीं करना पड़ेगा.' और हमने उनके बच्चों को बढ़ते हुए देखा और हम उनसे कोई भी काम नहीं करवा सकते थे.''

अनेकों माँ-बाप अपनी सन्तानों को नुकसान देय आर्थिक सहायता देने की भूल करते हैं. उनकी मंशा अच्छी होती है, वे अपने बच्चों की मदद करना चाहते हैं ताकि वे अपना जीवन आरम्भ कर सकें और जब कठिनाई आती है, उन्हें आर्थिक सहायता देते हैं. दुर्भाग्यवश, इसका नतीज़ा हमारी चाह से एकदम उल्टा होता है. बच्चों को आत्म-निर्भर बनाने के बदले हम उन्हें अपने आश्रित बना देते हैं. उनमें प्रेरणा और अनुशासन जगाने के स्थान पर हम उन्हें आलसी और कृपालु बना देते हैं. साहसिक कार्य करने के स्थान पर वे हक चाहने लगते हैं. आभारी बनने के बदले वे माँगें करने लगते हैं. ''वे बच्चे जो हमेशा मनचाहा पा जाते हैं, सारी जिन्दगी माँगते ही रहेंगे.''[80] खोजों से निष्कर्ष निकलता है कि ''व्यापक रूप से, जितने ज्यादह पैसे नवयुवक अपने माँ-बाप से पाते हैं, उतना ही कम वे जमा कर पाते हैं और जो बच्चे कम पैसे पाते हैं, वे अधिक जमा करते हैं.''[81]

हम कैसे अपने बच्चों को कमाई करने लायक मानसिकता के साथ बड़ा करें

बजाय अधिकार माँगने की मानसिकता के ? कमाई की इच्छा पैदा करने का एक सबसे अच्छा उपाय है अपने बच्चों को काम करना सिखाना. फिर भी, अधिक से अधिक बच्चों में काम न करने की भावना बढ़ती जा रही है. जब पालक बालकों की जरूरतें पूरी करने के लिए पैसों से मदद करते हैं, तो बहुत-से बच्चे अपनी जरूरतों के लिए अब गर्मियों की छुट्टियों में काम नहीं करते हैं. सन् 2007 में पहली बार, सर्वेक्षण के आँकड़ों के अनुसार, गर्मियों की छुट्टियों में अधिकांश टीनेजर बच्चों ने न काम किया और न काम की तलाश की. सिर्फ 49% टीनेजर बच्चे जो 16 से 19 वर्ष के बीच के थे, उन्होंने जून 2007 में काम की तलाश की थी या काम किया था. यह संख्या जून 1978 की संख्या की तुलना में बहुत अधिक कम है.[82]

एक और प्रवृत्ति है जो नवयुवकों के काम न करने की आदत से जुड़ी हुई है. ज्यों-ज्यों युवाओं के काम न करने की आदत बढ़ती गई, वैसे-वैसे उन वयस्क बच्चों की संख्या भी बढ़ी जो लौटकर अपने पालकों के साथ रहने आ गए. जन-गणना के आँकड़ों के अनुसार 80 मिलियन से अधिक ''उजड़े घोंसले'' - हैं जिनके साथ उनकी एक भगोड़ी वयस्क सन्तान फिर से रहने आ गई है.[83] उजड़े या खाली घोंसले की कल्पना का स्थान अब ''भीड़भरे घोंसले'' की सच्चाई ने ले लिया है. हाल ही के सर्वेक्षण के अनुसार ज्ञात हुआ है कि कॉलेज के स्नातक कक्षा के 25% विद्यार्थी अब पढ़ाई के बाद घर में रहने की आशा करते हैं.[84]

हर बालक को काम करने के अच्छे नियम सिखाने का उद्देश्य उनके पालकों के लिए अपनी सन्तानों के लिए काम करने के अच्छे अवसर खोजना होता है. मेरा एक छह वर्ष का लड़का है जो मुझसे कभी भी पैसे नहीं माँगता. जब उसे कुछ चाहिए होता है तो मुझसे कोई काम माँगता है जिसे करके वह अपनी मनपसन्द वस्तु खरीद सके. वह जानता है कि उसके माँ-बाप उसे पैसे नहीं देंगे और उसे उस पैसे को कमाना पड़ेगा. मैं जब अपनी कम्पनी के अनेकों पत्रों-सूचनाओं को भेजता हूँ तो उसकी मदद लेता हूँ. जब मैं पत्रों के साथ घर आता हूँ तो वह अवसर इस प्रकार की पंक्तियाँ चिल्लाता है, ''हाँ पप्पा, आज मेलर्स घर लाए हैं.'' छह वर्ष के बालक को इतना उत्तेजित हुआ देखना मन मोह लेता है, जो अब काम करके पैसे कमाएगा.

माँ-बाप को अपने बच्चों के लिए एक आर्थिक माहौल पैदा करना चाहिए जिसमें उनके बच्चे घर के बाहर भी काम करके पैसे कमा सकें और युवावस्था में

अपना खर्च और अपने कॉलेज की पढ़ाई भी कर सकें. मैंने पाया कि जिन बच्चों ने अपने स्कूल और कॉलेज की पढ़ाई घर से बाहर कार्य करके पूरी की थी उनमें काम करने की नैतिकता बहुत बलवान थी बजाय उनके जिन्होंने काम नहीं किया था. इस प्रवृत्ति को देखकर मुझे विश्वास हो गया कि बच्चों को काम करना सिखाना सिर्फ काम पूरा करना या पैसे पैदा करना ही नहीं है, बल्कि उन्हें जीवन जीने की राह दिखाना है. अब जब मैं कर्मचारियों को काम पर रखता हूँ तो उनकी काम करने की नैतिकता को जानने के लिए उनसे पूछता हूँ कि उन्होंने स्कूल या कॉलेज के दिनों में कौन-सी कार्य किया था. सबसे अधिक श्रमपूर्वक कार्य करनेवाले वे कर्मचारी थे जिन्होंने स्कूल-कॉलेज के दिनों में काम किया था.

यदि आप अपने बच्चों को संघर्षों एवं उत्तरदायित्वों से दूर रखेंगे तो आप उन्हें बढ़ने से भी रोक देंगे. काम करने की नौतिकता, नियमबद्धता और प्रेरणा को पैसों से नहीं खरीदा जा सकता है; उन्हें काम के, अनुभव के और शिक्षा के द्वारा ही विकसित किया जा सकता है. दूसरों के सहारे रहना मानों बन्धनों में रहने का दूसरा नाम है - क्योंकि यदि आप किसी से स्वयं के लिए उसका उत्तरदायित्व छीन लेंगे तो उसका स्वतंत्र रहने का अवसर भी छीन लेंगे. यदि आप उसकी बहुत अधिक मदद करेंगे तो आप उसे असहाय बना देंगे. अपने बच्चों को पैसे न दें; उन्हें शिक्षा और अवसर दें. उसमें खर्च भी बहुत कम होता है और वे एक रचनात्मक, आत्म-निर्भर बच्चे बन जाते हैं, जैसा आप चाहते हैं.

एक इल्ली की कहानी

अपना पहला व्यापार शुरू करते समय मैं अक्सर अपने एक व्यावसायिक सहकर्मी और ज्ञान-गुरु पर सीख के लिए निर्भर रहता था जो करोड़ोंपति भी थे. मेरा व्यापार तो बढ़ रहा था मगर मैं लाभ पाने के लिए लगातार संघर्ष करता रहता. मैं निरन्तर कड़ी मेहनत कर रहा था मगर आर्थिक रूप से परिस्थितियाँ दुर्गम होती जा रही थीं. मैं अपने अमीर सहयोगी के पास गया और उनसे छोटी-सी मासिक तनख्वाह या ऋण माँगा जिससे तब तक के लिए मेरी मदद हो जाए जब तक व्यवसाय मुनाफे में नहीं आ जाता. उन्होंने मुझे कोई भी सहायता करने से इन्कार कर दिया. मैं परेशान हुआ और बोला, ‘‘आप हर वर्ष करोड़ों रूपए कमाते हैं और मुझे जीने के लिए संघर्ष

करना पड़ रहा है. कृपया मेरी मदद करें.'' उन्होंने मेरी ओर देखा और मुझे प्रतीत हुआ कि वे मेरी बात मानने ही वाले हैं और मेरी सहायता करेंगे. वे बोले, ''फिर, यदि मैं तुम्हारा संघर्ष समाप्त कर देता हूँ तो तुम्हारी विजय भी समाप्त हो जाएगी.'' फिर उन्होंने मुझे नीचे लिखी कहानी सुनाई :

''एक छोटा-सा बालक था जिसने एक इल्ली को देखा जो एक ककून-कोए - से लिपटी हुई थी. वह दिन भर में कई बार ककून के पास जाता और उसे बढ़ते एवं बदलते देखता और तितली के बाहर निकलने की राह देखता. कुछ दिनों बाद बालक ने उस ककून को हिलते देखा और देखा कि तितली बाहर निकलने के लिए संघर्ष कर रही है. बालक उस इल्ली की मदद करना चाहता था इसलिए वह दौड़कर घर गया और केंची ले आया. उसने वापिस आकर बड़ी सावधानी से ककून को काटा और उसमें से आधी बनी तितली बाहर गिरी. यह इल्ली अब कभी भी तितली की तरह नहीं उड़ सकती थी. उस अबोध बालक ने अनजाने में ही तितली को मार दिया था, जिसकी वह मदद करना चाहता था.'' उस समय मुझे यह सलाह उपयोगी नहीं लगी थी, मगर आज मैं अपने उस समझदार सहयोगी और आदर्श गुरु की सलाह के लिए कृतज्ञ हूँ जिन्होंने मदद करने की अपनी चाह को रोककर, मेरे ककून को काटकर नहीं खोला.

अध्याय V

आरम्भ और अगुआई करें

"हर वस्तु जिसे आप पाना चाह रहे हैं, आपके सुविधा-क्षेत्र से बाहर है."

– रॉबर्ट ऍलन

यह दुनिया बड़े-बड़े इनाम देती है, दौलत के रूप में और इज्जत के रूप में भी. मगर एक चीज़ नहीं देती और वह है प्रारम्भ करने की प्रेरणा. क्या है कार्यारम्भ की प्रेरणा ? मैं बताता हूँ : वह है, सही काम को बिना कहे करना. मगर बिना कहे करने के बाद आता है, एक बार कहने के बाद करना... मगर उसका फल हमेशा कार्य के अनुपात में नहीं मिलता. फिर, इसके बाद वे लोग आते हैं जो दो बार कहे बिना कोई काम नहीं करते : ऐसे लोगों को कोई आदर नहीं मिलता और पगार भी कम मिलती है. फिर वे लोग आते हैं जो आवश्यकता जब पीछे से ढकेलती है तभी कोई काम करते हैं और ऐसे लोगों को आदर के स्थान पर नगण्यता मिलती है और तनख्वाह के रूप में कौड़ियाँ... फिर तराजू की और निचली पायदान पर वे लोग होते हैं जो किसी के साथ जाकर बताने पर भी सही काम नहीं करते और राह देखते हैं कि बतानेवाला स्वयं वह काम कर ले : ऐसे लोगों को सदा काम की कमी रहती है... आप किस श्रेणी में आते हैं ?"[85]

राइट बन्धु

राइट बन्धुओं का जीवन अनेक प्रकार के आरम्भ और अगुआइयों का मन मोहनेवाला उदाहरण है. विलियम जे. टेट जिन्होंने राइट ब्रदर्स के प्रथम ग्लाइडर को नॉर्थ कॅरोलिना में ऍसेंबल करने में उनकी मदद की थी, उनकी आरम्भिक उड़ानों के बारे में लिखते हैं, "वहाँ के मूल निवासियों की धारणा थी कि राइट बन्धु एक

सीधे-सादे लोग हैं और वे निर्दोष सनकी कार्यों के द्वारा अपना समय नष्ट कर रहे हैं और एक मूर्खताभरा काम कर रहे हैं जो असंभव है. उनकी सफलता के विरोध में अक्सर दुकानों और पोस्ट ऑफिस में तर्क सुने जाते थे जो अक्सर इस प्रकार के होते : 'भगवान चाहता ही नहीं है कि मनुष्य उड़ें. यदि वे चाहते तो उन्होंने उसके कन्धे पर पंख की जोड़ी उगाई होती.''[86]

विल्बर सन् 1867 में और ऑर्विल 1871 में मिडवेस्ट में सूसान और मिल्टन के यहाँ पैदा हुए थे. सन् 1878 में ऑर्विल और विल्बर की रुचि उड़ने में जागी जब उनके पिता ने उन्हें एक 'हेलिकॉप्टर' का खिलौना दिया.[87] यह दिलचस्पी 19वीं सदी के अन्त में सक्रिय खोज के रूप में बदल गई. बिल्बर ने 'जो भी कुछ मिलता, दिखता, उसे पढ़ना आरम्भ कर दिया. उनके पिता के पुस्तकालय में प्राकृतिक रूप से उड़नेवालों पर कुछ सीधी-सादी पुस्तकें थीं और डॅटन पब्लिक लाइब्रेरी में उड़ान संबंधी कुछ साम्रगी. जब उन्होंने स्थानीय सामग्री को उपयोग करके समाप्त कर दिया तो विल्बर ने स्मिथसोनियन इंस्टीट्यूट को उड़ान से संबंधित अतिरिक्त सामग्री भेजने को लिखा.''[88]

सन् 1899 में उन्होंने अपने उड़ान से संबंधित प्रयोग करना आरम्भ कर दिया. उस समय राइट बन्धु एक सायकल बेचने और सुधारने की दुकान चला रहे थे. इस दुकान के लाभ से उनका घर चलता और वायुयान के प्रयोगों को मदद मिलती. अगले चार वर्षों में राइट बन्धुओं ने वायुयान के हजारों प्रयोग, जाँचें और उड़ने के प्रयत्न किए. सन् 1901 में उन्होंने विश्व का सर्वप्रथम विंड-टनेल - वायु बोगदा बनाया और 200 से अधिक भाँति के पंखों के आकारों का परीक्षण किया.[89] और सन् 1902 के सितम्बर और अक्टूबर के महीनों में 700 से अधिक वायु-विसर्पण या फिसलने के कार्य किए.[90] 17 दिसम्बर 1903 के दिन, 32 साल के ऑर्विल और 36 वर्ष के विल्बर ने अपने सपनों के नियंत्रित, एंजिन द्वारा चलाई वायु-उड़ान भरी. उस उड़ान ने 12 सेकेण्ड में 120 फीट की दूरी तय की. आधुनिक जम्बो जेट 747 की लम्बाई का लगभग आधा हिस्सा. यह उड़ान आधुनिक उड्डयन विज्ञान का आरम्भ था.

सन् 1904 में राइट बन्धुओं ने आर्थिक जोखिम उठाकर अपनी सायकल की दुकान और व्यवसाय को बन्द करके पूरा समय व्यावहारिक वायुयान के विकास में

लगाया जिसे वे बेच सकें. विल्बर ने अपने एक परिचित को समझाया, ''यदि हम अपना सारा समय और आर्थिक स्रोत वायुयान के विकास में लगाएँ तो हम सफलता के मार्ग में आनेवाली सभी कठिनाइयों को जीत सकते हैं... क्योंकि हमारा आर्थिक भविष्य दाँव पर लगा था, अत: हम उसे पूरी तरह से एक व्यावसायिक अध्यवसाय मान रहे हैं.''[91] अपने अस्तित्व को बनाए रखने के लिए वायुयान को एक मुनाफे का सौदा बनाना चाहिए, मगर हम अपने कार्य की श्रेष्ठता के साथ कभी भी समझौता नहीं करेंगे. राइट ब्रदर्स चाहते थे कि उनके कर्मचारी भी पारिवारिक नियमों का पालन करें और उनके लिए जो काम करते थे वे 'न शराब पीते थे, न जुआ खेलते थे, न रविवार के दिन उड़ने का अभ्यास करते थे.''[92]

फरवरी सन् 1908 में कम्पनी को अमेरिकन फौज के लिए एक दो-सवारी के वायुयान को बनाने का ऑर्डर मिला जो करीब एक घंटे तक, 40 मील प्रति घंटे की औसत गति से उड़ सके और सही सलामत, बिना नुकसान उतर सके. जुलाई 1909 में उन्होंने एक सफल उड़ान भरी जो यू. एस, आर्मी की आवश्यकता के अनुरूप थी और उन्हें $30,000 - सन् 2006 के $645,000 - अपने हवाई जहाज के लिए मिले. सन् 1910 में उन्होंने हवाई करतब और वाणिज्यीय एयर कार्गो शिपिंग - हवाई माल परिवहन सेवा आरम्भ की और करीब 1,00,000, सन् 2006 के 2 मिलियन डॉलर के बराबर - उस साल लाभ कमाए.[93]

उड़ना एक खतरनाक काम था. ऑट्टो लिलिएंथल, जो एक आरम्भिक उड्डयन कर्ता थे और जिनके कामों ने राइट बन्धुओं को उत्प्रेरित किया था, उनके ग्लाइडर में वायु के तीव्र झोंके ने घुसकर, उसे असन्तुलित बनाकर दुर्घटनाग्रस्त कर दिया जिससे वह 50 फीट नीचे गिरा, उनकी रीढ़ की हड्डी टूट गई और उनकी मृत्यु हो गई. उनके अन्तिम शब्द थे, ''उत्सर्ग तो करना ही पड़ेगा.'' इन शब्दों को उनकी कब्र के पत्थर पर उकेरा गया है.''[94] राइट बन्धुओं ने लिलिएंथल और अन्य आरम्भिक प्रमुख वायुयान उड़ाकों के कार्य के बारे में लिखा है, ''अपनी अतृप्त उत्साह की प्यास से हमें भी सराबोर करते हुए और अपनी निष्फल जिज्ञासा को उन्होंने कर्मचारियों के बीच जोश बनाकर फैला दिया.''[95]

ऑर्विल तथा विल्बर ने भी अपने हिस्से की दुर्घटनाओं को भोगा. एक अकस्मात् 17 सितम्बर सन् 1908 में हुआ था जब एक प्रोपेलर ने काम करना बन्द

कर दिया और वायुयान टकरा गया तथा उसका सवार मर गया. ऑर्विल को बहुत गम्भीर बहुत-सी चोटें आईं जिसमें एक टाँग और कुछ पसलियाँ टूट गईं. उड़ने के खतरों के कारण और अपने पिता के कहने पर ऑर्विल और विल्बर कभी भी एक साथ नहीं उड़ते थे. फिर भी, 25 मई 1910 को, जब तक उन्होंने उसमें अनेकों सुधार और सुरक्षा की बातें जोड़ दी थीं, इतिहास बनाने के लिए उनके पिता ने दोनों भाइयों को एक साथ उड़ने की अनुमति दे दी. इसी एक अवसर पर दोनों भाई एक साथ उड़े थे. इस उड़ान के बाद ऑर्विल ने अपने 81 वर्षीय पिता को उनके जीवन की एक मात्र उड़ान कराई जो 6 मिनिट और 55 सेकेंडों की थी. उड़ान के दौरान, एक अवसर पर मिल्टन अपने पुत्र के निकट जाकर चिल्लाया.... ऊपर, ऑर्विल, और ऊपर !''[96]

विल्बर सन् 1912 में, 45 वर्ष की आयु में, टायफॉइड के बुखार से मर गया. ''पच्चीस हज़ार लोगों ने उसकी शव-मंजूषा को देखा और पूरे तीन मिनिट डॅटन शहर के नागरिकों ने हर प्रकार की गति-विधि बन्द कर दी. वे एक अमेरिकन हीरो का शोक मना रहे थे. ऑर्विल ने अपना भाई खोया था, अपना सर्वश्रेष्ठ मित्र, अपने शरीर का आधा अंग जो उड़ने के रहस्य को जानता था. उस पर वज्रपात हुआ था,

मगर उसने कार्य जारी रखा.''[97] ऑर्विल ने राइट कम्पनी को तीन वर्ष और चलाया जब तक वह 44 वर्ष का न हो गया. 15 अक्टूबर, 1915 को उसने कम्पनी के अपने हिस्से को बेच दिया. ''द *न्यूयार्क टाइम्स* ने लिखा था कि ऑर्विल को उसके करीब $1.50 मिलियन - आज 2006 के डॉलर के मूल्य के अनुसार $5000,000, नई कम्पनी को दीं अपनी प्रथम वर्ष की सलाहकार सेवाओं के एवज में मिले.''[98] ईश्वर ने मनुष्य के कंधों पर पंख नहीं उगाए हैं, मगर उन्होंने उसे दिमाग और हाथ दिए हैं जिनसे वह उनका निर्माण कर सकता है. उसके लिए आस्था, अध्ययन, हिम्मत, कार्य और दृढ़ता की आवश्यकता होती है तभी वह उड़ान के चमत्कार को पा सकता है. दो आदमी अपने उड़ने के एक सपने के साथ जुट गए और उन्होंने हम सभी के लिए पंखों का निर्माण किया - उन पंखों का जो ईश्वर चाहता था कि हम सबों को मिलें.

राइट बन्धु हम सबों को प्रेरणा दे रहे हैं कि हम पूछें, ''हमें कौन-से कार्य या प्रयत्न करने चाहिए ताकि हम आगे बढ़ सकें ?''

विशेष गुण 4 : विनम्रता

''जब कोई स्वयं से लिपटा रहता है,
तो बहुत कम फल पाता है.''

–जॉन रस्किन

अध्याय VI

लगातार सुधार करते रहें

''यथार्थ महानता स्वयं को लगातार उन्नत बनाते रहने से आती है.''

– एक भारतीय कहावत

जीवन नीचे की ओर गतिमान सीढ़ी पर ऊपर जाने जैसा होता है. उसमें यदि आप ऊपर की ओर कदम रखना – प्रयत्न करते रहना जारी नहीं रखते हैं तो नीचे उतरने लगते हैं. जीवन सीढ़ी के समान नहीं होता जिसमें आप एक खास सीढ़ी तक पहुँचकर रुक जाएँ और अपनी स्थिति को दृढ़ बना लें. जिस प्रकार से कोई पेड़ या तो बढ़ रहा होता है अथवा मर रहा, उसी प्रकार से हम भी या तो विकसित होते हैं अथवा पतित. जीवन में हम कभी स्थिर नहीं रह सकते हैं.

वॉल मार्ट के बोर्ड के निवृत्त उपाध्यक्ष डॉन सॉडरक्विस्ट भी इस कथा से सहमत हैं : ''मैं एक शाम एक दावत में गया था जहाँ मुझे के-मार्ट के पुराने सीईओ हॅरी कनिंग्घम के साथ मिलने का सौभाग्य मिला. यथार्थ में वे एक दृष्टान्त पुरुष थे जिन्होंने के-मार्ट की दुकानें आरम्भ करके अमेरिका में फुटकर बिक्री की नई परम्परा आरम्भ की. के-मार्ट की दुकानें पुरानी क्रेस्ज़ कम्पनी के लिए आरम्भ की गई थीं – एक आदर्श का ध्यान से अध्ययन किया गया था और वॉल मार्ट की दुकानों को विकसित करते समय उसका ध्यान रखा गया था. मैंने उन्हें छूट की आधुनिक सफल रीति आरम्भ करने के लिए धन्यवाद दिया जिसे उन्होंने नम्रतापूर्वक स्वीकार कर लिया मगर तुरन्त कहा कि उस परम्परा को वाल-मार्ट ने कितनी खूबी से आगे बढ़ाया है यह और भी तारीफ की बात है. उन्होंने आगे कहा, 'हमने एक गम्भीर गलती यह की कि अपनी दुकानों को इतने वर्षों में बदलकर आधुनिकतम नहीं बनाया. हमारे पास एक सूत्र था जो सफलता से काम कर रहा था और उसे बदलने का कोई कारण भी नहीं था. तुम लोगों ने वाल-मार्ट में उसमें तब तक सुधार किया जब तक हमसे बहुत

अच्छे नहीं हो गए; और तब तक तो आप लोग हमसे आगे निकल गए थे.' इस वार्तालाप से मैंने सबक सीखा कि यों तो सफलता अधिक सफलता की ओर ले जाती है, मगर वह असफल भी बना सकती है यदि हम उसमें सुधार करना बन्द कर दें.''[99]

विकास एवं 80/20 का सिद्धान्त

स्वयं को अपने तात्कालिक उच्चतम स्तर तक ले जाने के बाद ही हम अपने अगले उच्च स्तर तक पहुँच सकते हैं. जैसे, भारोत्तालन में सबसे अधिक विकास तब होता है जब हम लिफ्टिंग की अन्तिम सीमा तक पहुँच जाते हैं. यदि आप 200 पाउंड के भार को अधिक से अधिक 10 झटकों में उठा सकते हैं तो आपके स्नायुओं का विकास 80 प्रतिशत हो चुका होता है और परिणाम स्वरूप शक्ति भी बढ़ चुकी होती है और इसके कारण अन्तिम दो झटके और शेष 20 प्रतिशत विकास भी हो जाएगा. उन्हें पाना सबसे मुश्किल होता है मगर यदि प्रयत्न नहीं किया गया तो पाई 80 प्रतिशत शक्ति भी समाप्त हो जाएगी. शेष 20 प्रतिशत को पाने के लिए आपको पुनः 80 प्रतिशत अर्थात् दुगने प्रयत्न नहीं करने पड़ते क्योंकि अधिकतम मेहनत करने के अन्तिम प्रयत्न के द्वारा प्रतिपादित परिणामों का फल मिलना अभी बाकी था.

व्यवसाय में भी, यदि आप प्रति दिन 40 मिनिट अतिरिक्त काम करेंगे, जिसे अपना लंच ऑफिस ले जाकर और जल्दी से खाकर पाया जा सकता है, बजाय ऑफिस से बाहर जाकर लंच लेने के, तो साल के अन्त में काम किया हुआ एक अतिरिक्त महीना आपको मिल जाएगा. जबकि रोज के 40 मिनिट, कार्य के घंटों में सिर्फ 8 प्रतिशत अधिक होगा - 8 घंटे के दिन के अनुसार, मगर तनख्वाह दुगनी मिलेगी.

निष्कर्ष

फुटबॉल के महान् खिलाड़ी-प्रशिक्षक विंस लोम्बार्डी ने सिखाया था, ''निरन्तर अच्छे परिणाम पाने के सभी प्रयत्न करते रहें. यदि इस गुण का कोई व्यक्ति लगातार सार्थक प्रयत्न करता रहे और नकारात्मकता के तत्व से लड़ता रहे, तो उस व्यक्ति में नायकत्व के गुण आ जाएँगे. विशेषता: असन्तोष. असन्तोष को सन्तोष में बदलना या उसे अच्छा बनाना नेतृत्व का लक्षण है. उच्चतम परिणाम से कम से

कभी भी सन्तुष्ट न हों, और विकास इनाम बन आ जाएगा.'' प्रत्येक लक्ष्य को पाने के बाद हमें स्वयं से पूछना चाहिए, 'इसे और अधिक अच्छी तरह से कैसे किया जा सकता था ? इसमें कौन-से सुधार किए जा सकते थे ?'' पिछली उपलब्धियों अथवा आज की ज्यों-की-त्यों स्थिति से कभी भी सन्तुष्ट न रहें. लक्ष्य को पाना अगले ऊँचे ध्येय को स्थापित करने की मात्र सूचना है; लक्ष्यों की स्थापना विकास के छोटे-छोटे कदमों में की जाती है ताकि लोगों का उत्साह बना रहे; और साथ ही वे अन्तिम रूप से, सदा के लिए, सन्तुष्ट न हो जाएँ.''[100]

कॅप्टन जेम्स कुक, 18 वीं सदी के महान् अन्वेषक, अपने अनेकों खोजपूर्ण प्रवासों के बारे में बताते हुए कहते हैं, ''मेरे मन में एक आकांक्षा थी, न सिर्फ उतनी दूर तक जाने की जहाँ अब तक कोई नहीं जा सका था, बल्कि मैं वहाँ तक जाना चाहता था जहाँ तक किसी के लिए जाना सम्भव है.'' जीवन कभी समाप्त न होनेवाला सुधार का प्रवास होना चाहिए.

अध्याय VII

सीखने के लिए आतुर रहें

''सलाह को सुनें, सूचनाओं को स्वीकार करें और
अन्त में आप ज्ञानी बन जाएँगे.''

– कहावतें 19:20

हर व्यक्ति का सबसे दुर्बल पक्ष वह होता है जब वह स्वयं को सबसे ज्यादह बुद्धिमान समझता है. बास्केट बॉल के महान् प्रशिक्षक जॉन वूडन के शब्दों में, ''यह सोचने के बाद कि हम सब-कुछ जानते हैं, हम जो सीखते हैं, वही महत्वपूर्ण होता है.'' वे जो सिखाने लायक होते हैं और लगातार सुधार करते जाते हैं और पनपते हैं, उन्हें अभिमान की बीमारी कभी नहीं लगती.

बेंजमिन फ्रेंकलिन ने सिखाया था, ''ज्ञान में निवेश करने से हमेशा अच्छा ब्याज मिलता है.''[101] शिक्षण और परिवहन दो ऐसे साधन हैं जो हमें कम समय में अपने लक्ष्य तक ले जाते हैं. अनेकों वर्षों में परिवहन का स्वरूप घोड़ा और घोड़ा गाड़ी से रेल गाड़ी, कार और हवाई जहाज हो गया. प्रवास के हर नए साधन ने हमें अपने गन्तव्य तक और जल्दी पहुँचा दिया. सन् 1800 के सालों में पश्चिमी मैदानों को पार करने में महीनों लग जाते थे. आज, आधुनिक साधनों से हम उसी यात्रा को अब कुछ ही घंटों में कर सकते हैं. शिक्षा भी एक ऐसा साधन है जो हमारे आर्थिक विकास के प्रवास की आत्म-निर्भरता और गति को तीव्र कर देता है. धन के ऊँचे स्तरों को पानेवालों के अध्ययन से पता चला कि वे हर महीने महत्वपूर्ण समय आर्थिक शिक्षा पाने में लगाते हैं.[102] खोजों से यह भी ज्ञात हुआ कि आर्थिक शिक्षा में लगाए समय और उनकी आर्थिक परिस्थिति का सीधा सम्बन्ध था. जितना अधिक हम सीखते हैं, उतना ही अधिक हम कमाते हैं.

आर्थिक शिक्षा के लिए मैं इन तीन साधनों पर ध्यान देना चाहूँगा :

1. पुस्तकें पढ़ना
2. सम्मेलनों में जाना
3. ऑडियो कार्यक्रमों को सुनना

पुस्तकों को पढ़ना

''पढ़ना मस्तिष्क के लिए उतना ही जरूरी है जितना शरीर के लिए व्यायाम : एक के द्वारा स्वास्थ्य की सुरक्षा होती है, शक्ति आती है और वह अनुप्राणित होता है और दूसरे के द्वारा गुण आते हैं, जो दिमाग़ का स्वास्थ्य है, और वह सजीव बना रहता है, फलता-फूलता है और स्थिर बनता है.''[103] जब हम प्रेरणादायक, विचारोत्तेजक पुस्तकें पढ़ते हैं, तो अपने जीवन के हर क्षेत्र में सम्पन्न बनते हैं. संक्षेप में, पढ़ने में इतना सामर्थ्य है कि हम इस समय जो हैं, उसके बदले वह बन सकते हैं जो भविष्य में बनना चाहते हैं.''[104]

पढ़ना सफल बनने का शार्टकट है. ग्रीक दार्शनिक सुकरात ने सिखाया था, ''अपने समय को दूसरों के द्वारा लिखीं पुस्तकों को पढ़ने में लगाओ और स्वयं को सुधारो. इससे आपको वह ज्ञान आसानी से मिल जाएगा जिसके लिए उन्होंने कड़ी मेहनत की थी.''[105] एक पुस्तक हमें कुछ ही घंटों में वह राह बता देती है जिस पर चलना सीखने में लोग अपना जीवन बिता देते हैं.

हर रोज अपने समय का कुछ अंश सार्थक, प्रेरणादायक पुस्तकों के लिए रोककर रखें. सन् 2006 में एक औसत अमेरिकन प्रति दिन 4 घंटे 45 मिनिट टीवी देखने में बिताता है और 18 मिनिट पुस्तकें पढ़ने में.[106] ज्यों-ज्यों आप अपना अधिक समय सार्थक, प्रेरणाप्रद और आर्थिक महत्व के विषयों की पुस्तकें पढ़ने में बिताएँगे, आपका जीवन-मूल्य बढ़ता जाएगा. विश्व के पुस्तकालय मुफ्त ज्ञान बाँटने के लिए भरे हुए हैं, मगर ''मनुष्य जो अच्छी पुस्तकें नहीं पढ़ते हैं, उन्हें उनकी अपेक्षा अधिक लाभ भी नहीं मिलते हैं जो अनपढ़ हैं.''[107]

कार्य-शालाओं / सम्मेलनों में जाना

पढ़ने के अलावा आप सम्मेलनों और कार्य-शालाओं में जा सकते हैं जो आपके सपनों को पाने के लिए बनाए गए होते हैं. रॉबर्ट कियोसाकी जिन्होंने *रिच*

डेड, *पूअर* डेड पुस्तक लिखी, का कहना है, ''मैं अधिवेशनों में जाता हूँ. मैं उन्हें तब अधिक पसन्द करता हूँ जब वे कम-से-कम दो दिनों के होते हैं और मैं विषय में डूब सकता हूँ. सन् 1973 में मैं एक दिन टीवी देख रहा था जब उसमें एक तीन दिवसीय सेमिनार के बारे में विज्ञापन आया जिसमें वे बतानेवाले थे कि बिना एडवांस पैसे दिए कैसे भू-सम्पत्ति खरीदना... और उस पाठ्य-क्रम ने मुझे कम-से-कम 2 मिलियन का स्वामी बना दिया. विशेष बात यह हुई कि मैं फिर से जीवित हो गया. उसके बाद उस एक पाठ्य-क्रम के कारण मुझे आजीवन काम नहीं करना पड़ा. अब मैं प्रति वर्ष इस प्रकार के कम-से-कम दो कार्यक्रमों में जाता हूँ.''[108]

श्रव्य कार्यक्रमों को सुनना

कार्य-स्थल पर पहुँचने के लिए इस राष्ट्र की जनता को कम से कम 24 मिनिट लगते हैं. कार के अपने इस समय को आप किस प्रकार से बिताते हैं ? ड्राइविंग करते समय क्यों नहीं आप उन आदर्शों को सीखते हैं जो आपके जीवन के हर कोने को सफलता के प्रकाश से भरकर सुखी कर देंगे. अनेकों प्रकार के ऑडियो प्रोग्राम और ऑडियो पुस्तकें हैं जो आपको आपका मनचाहा विषय सिखा सकती हैं. यदि आप जीवन-मूल्य बढ़ाना चाहते हैं तो कार के समय को शिक्षा के लिए नियत करें बजाय मनोरंजन के.

आरम्भ करने के लिए अपनी स्थानीय लाइब्रेरी में ऑडिओ पुस्तकों की सूची में से चुनाव करें और इस साधन को प्रवास, हवाई-यात्रा के दौरान शिक्षा के लिए काम में लाएँ. कसरत करते समय आइपॉड को भी काम में ला सकते हैं. अनेक पूछते हैं कि उनका आइपॉड कितने गाने समा सकता है, मैं पूछता हूँ, उनके आइपॉड में कितनी पुस्तकें संकलित हैं.

''21 वीं सदी के अनपढ़ वे नहीं होंगे जो पढ़ या लिख नहीं सकते, मगर वे होंगे जो सीख, भुला या फिर से सीख नहीं सकते.''[109]

स्वाभिमान का मूल्य

फ्रांस और भारत के युद्ध के समय, 60 वर्षीय अंग्रेजी जनरल एडवर्ड ब्रॅडोक ने अपने यहाँ वर्जीनिया के सहायक सेना के व्यक्तियों को काम पर रखा. उनमें से

एक 23 वर्षीय सैनिक को भारतीय युद्ध-पद्धति का अच्छा ज्ञान था अत: उसने नम्रता पूर्वक अपनी सलाह देनी चाही. क्रोधी ब्रॅडोक बोला, ''क्या ! एक अमेरिकन बस्किन - गुरगाबी - एक ब्रिटिश जनरल को युद्ध करना सिखा रहा है !''[110] ब्रॅडोक ने सलाह नहीं मानी और अंग्रेजों को एक बड़ी पराजय भोगनी पड़ी तथा जनरल ब्रॅडोक घायल हो गए. उनके दाहिने हाथ से गुजरकर गोली उनके फेंफड़े में धँस गई. जनरल ब्रॅडोक के घायल होने के बाद, उसी 23 वर्षीय युवक ने, फौज में बिना ऑफिशियल पद के, फौज का नायकत्व किया और फौज को व्यवस्थित बनाए रखा और एक पिछली सेना का निर्माण किया जिसने उन्हें व्यवस्थित वापसी कराई और युद्ध से निवृत्त कराया. इन कार्यों ने उसे ''मोनंगहेला का हीरो'' की पदवी दिलाई. जनरल ब्रॅडोक को रणभूमि से जॉर्ज वाशिंगटन उठाकर ले गए. वे वही थे, जिस सिपाही की सलाह उन्होंने अस्वीकार कर दी थी. ब्रॅडोक 13 जुलाई, सन् 1755 को मरे, युद्ध के चार दिन बाद. मरने से पहले वे वाशिंगटन के लिए अपने यूनिफॉर्म की रक्त से सनी कमर-पेटी छोड़ गए. वाशिंगटन ने अपने जीवन के शेष दिन उस कमर-पेटी के साथ बिताए. शायद उसे वे अपने साथ स्वाभिमान के स्मृति-चिह्न स्वरूप रखे रहे जो उन्हें बार बार याद दिलाता रहा कि अभिमान का मूल्य चुकाना पड़ता है और जीवन में विनम्रता की आवश्यकता होती है. अपने प्रयत्नों में सफल बनने के लिए हमें लगातार सबक सीखते रहना चाहिए. यदि ब्रॅडोक ने भी युवा जॉर्ज वाशिंगटन की राय मान ली होती तो शायद उसका जीवन बच जाता.

जॉर्ज वाशिंगटन सीखने के लिए सदा आतुर रहते थे और हर रोज पुस्तकें पढ़ते. अपने जीवन-काल में उन्होंने 700 से अधिक पुस्तकों की अपनी निजी लाइब्रेरी बना ली थी और उनमें से बहुतों को उन्होंने गम्भीरता से पढ़ा था. वाशिंगटन की सौतेली पोती, नॅलीकस्टिस उनके बारे में एक आरम्भिक जीवनीकार को लिखती हैं, ''उनकी आदत थी कि वे रात को 9 या 10 बजे, सारे कार्यों को निबटाकर लाइब्रेरी में बैठ जाते थे और शयन-कक्ष में जाने से एक घंटे पहले तक वहीं रहते. वे हमेशा सूरज उगने से एक घंटे पहले उठ जाते और अपनी लाइब्रेरी में तब तक रहते जब तक नाश्ते के लिए उन्हें बुलाया नहीं जाता.''

अध्याय VIII

विनम्र बनें

"सभी सद्‌गुणों में सबसे कठिन है विनम्रता को पाना;
स्वयं के बारे में अच्छा सोचने की इच्छा बड़ी मुश्किल से मरती है."

– टी. एस. इलियट

वह मनुष्य जो विनम्र होता है, उसे कुछ सिखाया जा सकता है. वह अपना सर्वश्रेष्ठ करने का प्रयत्न करता है. वह आत्म-निर्भर, उद्देश्य से उत्प्रेरित और कृतज्ञ होता है. बाँग्ला कवि रवीन्द्रनाथ टैगोर के शब्दों में, "हम महान् लोगों के अधिक निकट तब होते हैं जब अपनी विनम्रता में महान् होते हैं."

एक विनम्र व्यक्ति सचमुच जानना चाहता है कि सामनेवाला क्या बताना चाह रहा है. वे समझते हैं कि उनके पास सभी बातों के उत्तर नहीं हैं, अत: वे दूसरों के अनुभवों और अन्तर्दृष्टि से लगातार सीखते रहना चाहते हैं. वे "दूसरों के पास खुले दिमाग से जाते हैं और सीखने के लिए तैयार रहते हैं."[111] विनम्र व्यक्ति अक्सर बोलने से अधिक सुनते हैं. उनकी उपलब्धियों के बारे में विनम्र लोग कुछ भी नहीं कहते अथवा इससे मिलता-जुलता कहते हैं, "सब ईश्वर ने किया है," या "सब आपकी मेहरबानी है." नम्र व्यक्ति कार्य, सहायता और दूसरों की मदद को हमेशा स्वीकार करते हैं और उन्हें तथा ईश्वर को धन्यवाद देते हैं. उनकी नजरों में सबके सामने अभिमान करना किसी बात को बनाने का अच्छा तरीका नहीं है. सम्मान पाने की इच्छा रखनेवाला कुछ अधिक हासिल नहीं कर सकता है.

विन्रम जानते हैं कि जीवन प्रतियोगिता नहीं है. उन्हें तनिक भी चिन्ता नहीं है कि वे दूसरों की तुलना में कितना कर रहे हैं, मगर वे अपनी क्षमता के अनुसार सर्व-श्रेष्ठ कर पा रहे हैं या नहीं. विनम्र सदा सहयोग देते हैं और दूसरों को उठाने की कोशिश करते रहते हैं. वे दूसरों की सफलता का जश्न मनाते हैं. विनम्र स्वयं को

चतुर, सुन्दर और बलिष्ठ मानते हैं मगर वे स्वयं को औरों से अधिक चतुर, सुन्दर तथा व्यायामशील नहीं मानते. जीवन दूसरों के साथ मुकाबला करने की वस्तु नहीं है. वह स्वयं से तुलना करने की चीज़ है - प्रति दिन अपना सर्वश्रेष्ठ करने की चीज़.

विनम्र व्यक्तियों के जीवन में आदर एवं स्वयं का योग्य मूल्य अन्दर से प्रकट होते हैं. इनका स्रोत आत्म-बोध होता है जो उन्हें स्वयं का उचित मूल्य बताकर आदर-भाव जगाता है. दीन व्यक्ति जीवन की सम्पदाओं को दूसरों के विचारों में से ढूँढ़कर या जानकर जीवन का आनन्द उठाते हैं. वे स्वाधीनता और आत्म-निर्भरता की क़द्र करते हैं और दूसरों के विचारों के बन्धनों में नहीं बँधते. विनम्र व्यक्तियों के जीवन में अभिमान के आवेग, सफलता के मार्ग से भटकानेवाले होते हैं.

दयालु एवं विनम्र दूसरों की सहायता करने के उद्देश्य से जीवन में प्रेरित होते हैं. उनकी आर्थिक सम्पन्नता, दूसरों की सहायता करने के फलस्वरूप स्वयंमेव आती है. गर्वोन्नत पैसों से प्रेरित होते हैं. उनका धन, उनेक ध्येय का गौण उत्पादन या उप-फल न होकर प्रमुख लक्ष्य होता है.

सॅम वाल्टन के जीवन से विनय का पाठ सीखें

सन् 1962 में सॅम वाल्टन ने अपना पहला वाल-मार्ट स्टोर, 44 वर्ष की उम्र में रॉजर्स, आर्केन्सास में खोला. पाँच वर्ष बाद 1967 में वाल-मार्ट की 24 दुकानें हो गई थीं जो हर महीने 1 मिलियन की बिक्री कर रही थीं. सन् 1975 में वाल-मार्ट की 125 दुकानें थीं जो लगभग 1 मिलियन की बिक्री रोज कर रही थीं. सन् 1979 में वाल-मार्ट की 276 दुकानें हो गईं थीं, जो प्रति माह 100 मिलियन की बिक्री करने लगी थीं और वह प्रति वर्ष 1 बिलियन डॉलर बिक्री करनेवाली सबसे तेज़ कम्पनी बन गई. वाल-मार्ट इस समय करीब एक बिलियन डॉलर प्रति दिन की बिक्री कर रही है. सन् 2005 में वाल-मार्ट ने 6,200 वस्तुओं की बिक्री अपने 1.6 मिलियन नौकरों और 138 मिलियन ग्राहकों के कारण, 312 बिलियन मूल्य की बिक्री प्रति सप्ताह की थी.[112]

यों तो उनकी प्रतिष्ठा, सामर्थ्य और मूल मूल्य अनेक वर्षों में बढ़ा था,[113] मगर सॅम वाल्टन वही बनें रहे - एक विनम्र व्यक्ति जो दूसरों की सहायता करना चाहता था. वे ''एक साफ-सुथरी ज़िन्दगी जी रहे थे... और उनका सहयोग हम

किसी भी सौदे में विश्वसनीयता से पा सकते थे.''[114] अमेरिका के छोटे-छोटे स्थानों में जी रहे लोगों की सेवा करने का उन्होंने अवसर देखा, जिन्हें अब तक दूसरी बड़ी दुकानों की श्रृंखला ने अनदेखा कर दिया था. वे अपने सेवा-भावी उद्देश्य से प्रेरित होकर ''छोटे कस्बों के सामान्य निवासियों को प्रति दिन, अधिक अच्छा अनुभव कराना चाहते थे. वे उच्च स्तर के सामान को अच्छी दुकान के मोहक वातावरण में, कम मूल्य में देकर उनके रहने का स्तर ऊपर उठाना चाहते थे.''[115] उन्होंने अपने जीवन के अन्त में कहा था, ''मैंने सर्वश्रेष्ठ फुटकर बिक्री की दुकानों की स्थापना करने पर अपना ध्यान केन्द्रित किया. यही मेरा अन्तिम लक्ष्य था. उससे विशाल निजी सम्पत्ति कमाना मेरा उद्देश्य कभी नहीं रहा.''[116]

''भले ही वे अरबपति से अनेक गुना अधिक रहे हों, मगर यदि वे आपको रास्ते पर कहीं मिल जाते तो आप समझ ही नहीं पाते कि वे वही हैं. वे एक पुराना पिक् अप ट्रक चलाते थे और बेंटनविले के एक साधारण-से घर में रहते थे,[117] जिसे कोई भी नौकरीपेशा आदमी ले सकता है,''[118] और वे अपने अधिकांश कपड़े वाल-मार्ट से खरीदते थे. ''बर्नार्ड मार्कस, होम डिपो के संस्थापक एवं अध्यक्ष याद करके बताते हैं कि एक बार मीटिंग के बाद बेंटनविले में वे वाल्टन के साथ लंच के लिए गए. ''मैं सॅम के लाल पिक् अप ट्रक में उछलकर बैठा, उसमें एयर कंडीशनिंग नहीं थी. सीटें कॉफी के दागों से गंदी हो रही थीं. और हम जब तक रेस्त्राँ पहुँचते, मेरी शर्ट पूरी तरह से पसीने से लथपथ हो चुकी थी. और ऐसे थे सॅम वाल्टन - कोई चोंचले नहीं और न दूसरों को प्रभावित करने का कोई प्रयास, न कोई आडम्बर, न अभिमान.''[119]

एक प्रशासनिक अधिकारी जिसने फ्रिटोले से वाल-मार्ट में नौकरी आरम्भ की थी, इसी कथा को इस प्रकार से दुहराते हैं: ''कम्पनी में काम पाने के बाद, मैंने देखा कि सॅम होम ऑफिस के बाथरूम में गए - वही बाथरूम जो अन्य सबों के द्वारा काम में लाया जाता था... मल्टी बिलियोनियर सॅम वाल्टन का कोई निजी सुविशेष वाशरूम नहीं था. वे भी उन्हीं सुविधाओं को काम में लाते थे. यह मेरे अनुभवों के बिल्कुल विपरीत था. जिन अफसरों से मैं फ्रिटो-ले में मिला था और जिनके तलघर में निजी पार्किंग की जगहें थीं, उनके निजी बाथरूम थे और अफसरों का अलग भोजन-कक्ष था.''[120]

वाल-मार्ट के बोर्ड के निवृत्त सीनियर वाइस चेयरमॅन डॉन सॉडरक्विस्ट भी इसी बात से सहमत हैं जो उन्होंने एक दुकान की भव्य ओपनिंग के समय अनुभव की थी : 'अन्य भव्य उद्घाटनों ही के समान, हम इस उद्घाटन में भी विशाल जन-समूह के आने की आशा कर रहे थे, मगर इस बार हमारा उत्पादन भीड़ के साथ ताल-मेल नहीं बिठा पाया. मगर तत्काल सॅम बीच में कूद पड़े और बच्चों को केंडी बाँटने लगे. वे हर प्रकार से प्रयत्न कर रहे थे कि ग्राहकों को अच्छा लगे और लम्बी लाइनों में लगे लोगों को सुविधा रहे... मैं स्वीकार करता हूँ कि एक राष्ट्रीय फुटकर बिक्री दुकानों की इतनी बड़ी श्रृंखला वाल-मार्ट का वाइस प्रेसीडेंट होने के बाद मैंने इस प्रकार, कभी भी ग्राहकों की सेवा नहीं की थी जैसी उस दिन कर रहा था. क्या आप सोच सकते हैं कि मैं वहाँ खड़ा-खड़ा देखता रहूँगा और मेरा नायक काम करेगा ? कभी नहीं. सॅम बहुत ही विनम्र व्यक्ति थे और उन्होंने उस दिन मुझे एक मूल्यवान पाठ सिखाया था. हममें से कोई भी इतना बड़ा नहीं होता कि वह छोटे-छोटे काम न कर सके. वास्तव में कोई कार्य छोटा होता ही नहीं है. यदि बोर्ड का चेयरमेन इतना महान् और उच्च नहीं था कि लोगों को लॉली पोप्स और सामान के भरे थैले उठा-उठाकर दे रहा था - तो मैं भला कैसे बड़ा हो सकता था... हम चाहे जितने बड़े क्यों न हो जाएँ, मगर सॅम हमें याद कराते रहते थे कि हम औरों से बड़े नहीं हैं और हमें स्वयं के महत्व और बड़प्पन से अन्धा नहीं बनना चाहिए.''[121]

सॅम वाल्टन वाल-मार्ट के कर्मचारियों की कद्र करते थे और उनकी बातें सुनते तथा उनसे सीखते रहते. वाल-मार्ट के 30 वर्षों के सीइओ के रूप में उन्होंने एक नीति बनाई थी कि उनका कोई भी कर्मचारी अपनी समस्या, शिकायत या सलाह लेकर उनसे सीधे मिल सकता था. अनेक अवसरों पर सॅम डॉनट्स - मालपुए - लेकर अपने कर्मचारियों के बीच जाते और अवकाश के क्षणों में उनसे बातें करते. वे सदैव दूसरों से सीखते रहते. अपनी आत्मकथा में वे लिखते हैं, ''कमीशन और सुविधाएँ देनेवाली दुकानों के जितने ज्यादा चक्कर मैंने काटे थे, शायद किसी और ने नहीं लगाए होंगे. मैं कहीं भी पहुँच जाता और कहता, 'हाय ! मैं बेंटनविले, आर्कान्सास का रहनेवाला सॅम वाल्टन हूँ. वहाँ मेरी कुछ दुकानें हैं और मैं यहाँ श्रीमान अमुक से मिलना चाहता हूँ - मैं उस कम्पनी के प्रमुख का नाम लेकर कहता - व्यवसाय के लिए मिलना है. और अनेकों बार वे मुझे अन्दर आने देते, शायद जिज्ञासा से, फिर

मैं उनसे ढेर सारे प्रश्न पूछता – कीमत रखने से लेकर वितरण आदि तक के, कोई भी. इस प्रकार से मैंने सबसे अधिक सीखा.''[122]

वे लगातार प्रयत्न करते रहते कि उनके कर्मचारियों और ग्राहकों को वाल-मार्ट का अच्छा अनुभव होता रहे. वे लिखते हैं, ''मैं सदा एक ऐसा आदमी बना रहा जो चाहता है कि सारे कार्य सुचारु रूप से होवें. फिर और अच्छे और इसके बाद यथा-सम्भव सबसे अच्छे... मैं कुछ समय में अधिक कमाने के चक्कर में कभी नहीं रहा; मैं सदैव एक अत्यन्त कुशल फुटकर बिक्री का केन्द्र बनाना चाहता था.''[123]

सन् 1970 में कम्पनी ने अपने शेयरों को सार्वजनिक बनाने की घोषणा की और अपने प्रत्येक कर्मचारी के लिए लाभांश में हिस्सेदारी की योजना बनाई जो वाल-मार्ट के शेयरों के रूप में दी जानेवाली थी. फलस्वरूप अनेकों व्यवस्थापक एवं प्रति-घंटे काम करनेवाले कर्मचारी वाल-मार्ट से मिलियोनियर बनकर निवृत्त हुए. सॅम वॉल्टन अपने प्रत्येक कर्मचारी से प्यार करते, उन्हें अपना सहकर्मी कहकर बुलाते और परिवार का सदस्य मानते थे.

5 अप्रैल, 1992 को, 74 वर्ष की उम्र में सॅम वाल्टन की केंसर से मृत्यु हुई. समाचार को सॅटेलाइट द्वारा कम्पनी की 1960 दुकानों को सीधा प्रसारित किया गया; जब समाचार को पब्लिक एनाउंसमेंट पर कुछ दुकानों में प्रसारित किया गया, कर्मचारी रोने लगे.''[124] एक प्रतियोगी दुकान के प्रबंधक ने सॅम वाल्टन के बारे में कहा, ''उन्होंने अपना जीवन किस प्रकार से बिताया उससे मुझे लगा कि मैंने एक उपदेश को जीते देखा था बजाय सुनने के.''[125]

विशेष गुण 5 : ईमानदारी

“आस्था जीवन को बाँधे रखनेवाली गोंद है.”

–स्टीफन आर. कॉवे

अध्याय IX

ईमानदारी फलती है

"किसी नायक का सर्वश्रेष्ठ गुण है असंदिग्ध सत्यनिष्ठा. इसके बिना कोई भी यथार्थ सफलता सम्भव नहीं है."

– ड्वाइट डी. आइज़ॅनहॉवर

पिछले अनेक वर्षों में हमने अत्यन्त बेईमान अग्रणी व्यवसायी एनरॉन, वर्ल्डकॉम, ज़ेरोक्स, क्वेस्ट इमक्लॉन, एंडरसन आदि के विध्वंसक परिणाम देखे हैं. उन्होंने बेईमानी करके कम समय के लिए मुनाफे कमाए थे, मगर अन्त में सभी कुछ गँवा दिया. उनमें के कुछ जेल चले गए. "यदि आप योजनाएँ बनाकर, मौन रहकर लोगों को ठगते हैं तो आप उन्हें कुछ समय के लिए मूर्ख बना सकते हैं, कुछ कमा भी सकते हैं, मगर आप अन्त में, नि:सन्देह दैविक दण्ड पाएँगे. पूरी तरह से ईमानदार बनने के लिए दृढ़ता एवं आत्म-नियंत्रण की आवश्यकता होती है, मगर अन्त में ऐसा व्यक्ति आशीर्वाद पाता है."[126]

ईमानदारी दीर्घकालीन सफलता की कुंजी है. "बिना ईमानदारी के व्यापार को बाजार में दंड मिलता है. यदि कोई वस्तु अपने विज्ञापित गुणों के अनुसार नहीं निकलती अथवा उसकी गुणवत्ता एक जैसी नहीं होती तो व्यवसाय अपने ग्राहकों को गँवा देता है और व्यापार प्रतियोगियों के पास चला जाता है. कुशल कारीगर कंपनी की आन्तरिक राजनीति से परेशान होकर नई नौकरियाँ ढूँढ़ लेते हैं. दूसरी ओर, एक संस्था जो अपनी विश्वसनीयता के लिए जानी जाती है, पुरस्कार स्वरूप अपने उत्पादनों के नए ग्राहक पाती है और उनके कर्मचारियों और ग्राहकों की प्रतिबद्धता बढ़ जाती है."[127] "एक खुले बाजार की व्यावसायिक पद्धति का मूल यही है कि निष्ठा फल देती है... अन्त में ग्राहक, कर्मचारी एवं शेयर होल्डर्स, सभी उन कंपनियों की ओर खिंचते हैं जिनकी अग्रिमता स्थिर होती है, जिनकी साख होती है और जो ईमानदार होती हैं."[128]

सफलता कब विफल हो जाती है ?

जब मुनाफा कमाने के लिए अनैतिक तरीके अपनाए जाते हैं, तब सफलता विफल रहती है. समाज का नाश करनेवाले गांधीजी के सात पापों में से एक है, ''बिना नीति के आधार का व्यापार.'' यह एक नैतिक चरम सत्य का प्रतिनिधित्व करता है जो वाणिज्य से जुड़ा है और जिसे अनैतिक साधनों से पाया गया है. अनैतिक प्रयत्न एक श्रेष्ठ परिणाम को भी कलुषित कर देते हैं और उपलब्धि को बदनाम बना देते हैं. आप एक नीतिपूर्ण परिणाम को अनैतिक साधनों के द्वारा नहीं पा सकते हैं. आर्थिक उपलब्धियाँ भी अपने अनैतिक साधनों को सही साबित नहीं कर सकती हैं.

एक व्यावसायिक प्रशासक के पुत्र ने हमें यह कहानी सुनाई थी : ''मैं एक कठोर व्यावसायिक वातावरण में पला था. मेरे पिता विश्व के एक सबसे धनवान व्यक्ति हावर्ड ह्यूजेज़ के यहाँ कार्यकारी प्रशासक थे. और यह तथ्य अनेक जीवनों को ऊपर नीचे कर चुका था. मैंने स्वयं लोभ, कपट, शासन के लिए संघर्ष और आत्माओं को धन के लिए विनष्ट होते देखा था. मगर जिसने मुझे सबसे अधिक प्रभावित किया था वह बात स्वयं श्रीमान ह्यूजेज़ में थी. अनेक वर्षों तक क्रिसमस-संध्या या ईस्टर के रविवार के समय यह वार्षिक उत्सव होता मगर वह वैसा नहीं था जैसा प्रतीत होता था. मि. ह्यूजेज़ ने मेरे पिता को अपने घर बुलाया था. मेरे पिता के आने पर मि. ह्यूजेज़ सिर्फ इतना कहते थे, 'मि. बिल, मैं आपसे सिर्फ बात करना चाहता हूँ.' फिर कुछ घंटों की मैत्रीपूर्ण बातों के बाद वे कहते, ''आज क्रिसमस है, आप अपने परिवार के पास लौट जाइए.' और मुझे याद है, मैं सोचता और स्वयं से कहता : इतने सारे पैसों के बाद भी, सारा सामर्थ्य, सारी उपलब्धियों और सारे अच्छे कर्मों के बावजूद, वे एकाकी भी हैं और अकेले भी.''[129]

मेरे एक प्रिय मित्र और व्यवसाय के साथी जी. केंट मेंजलसन भी मेरे साथ इस बात के लिए सहमत हैं, ''तीस वर्षों के आर्थिक व्यवसाय और हजारों धनवानों के साथ घुलने-मिलने के बावजूद, मैंने लोगों और धन के बारे में एक दृढ़ जीवन-दर्शन बना लिया है, कि यदि कोई अपने आर्थिक लक्ष्य पाने से पहले अपने निजी मूल्य और लक्ष्य स्पष्ट रूप से स्थापित नहीं कर पाता है तो धन और उससे प्राप्त की हुईं वस्तुएँ अपना एक निज का जीवन जीने लगती हैं. बिना जीवन-मूल्यों को स्पष्टता से सामने स्थापित किए, कोई भी व्यक्ति अपने लक्ष्य की ओर ध्यान को केन्द्रित नहीं

कर सकता है. धन व्यक्ति को विचलित करता है और उसे धीरे-धीरे जीवन की सबसे महत्वपूर्ण एवं प्रमुख वस्तुओं से दूर ले जाता है. दुख की बात है कि हम अक्सर, बहुत देर से इस ओर ध्यान देते हैं और नुकसान की भरपाई करना सम्भव नहीं रह जाता है. उसे पता चलता है कि उसने उन वस्तुओं को गँवा दिया है जो जीवन में सबसे अधिक सार्थक थीं और अब, दुनिया की सारी दौलत भी न तो उन्हें खरीद सकती है और न उनका स्थान ले सकती है जो जा चुका है.''

आर्थर मिलर के नाटक, ''ऑल माय सन्स'' में एक पुत्र व्यापार में अपने पिता को बेईमानी करते देखता है. जवाब माँगने पर उसके पिता कहते हैं, ''बेटा, हर कोई ऐसा करता है. सफल बनने के लिए बेईमानी करना जरूरी है.' लड़का जवाब देता है, 'मैं जानता हूँ, पिताजी, मगर मैं सोचता था आप औरों से अच्छे हैं.''[130]

आँकड़ों में घपला करते समय, धोखा देने के तरीकों का उपयोग करते हुए, अनैतिक पदार्थों की बिक्री से और कर्मचारियों के शोषण के द्वारा धन कमाना व्यापार का मान-दण्ड हो सकता है, मगर कुछ लोगों का दल अब भी बचा हुआ है जिसने व्यवसाय के मानक से ऊपर उठने का निश्चय किया है और नैतिकता के मूल्यों को पालने का प्रण लिया है. उनकी ईमानदारी उनका व्यवसाय है. हमारी ललकार है कि आप भी इन अल्प लोगों में सम्मिलित हो जाएँ. व्यवसाय की दुनिया छल-कपट और अनैतिकता से भरी हुई है, मगर वह और अधिक बिगड़ जाएगी जब तक कि हममें से प्रत्येक अपने कार्य के प्रति निष्ठावान नहीं बन जाता.

सही प्रकार से बने एक अरबपति - जॉन एम. हंट्समॅन

जॉन एम. हंट्समॅन का जन्म 1937 में, इडाहो के एक छोटे-से नगर ब्लेकफूट में हुआ था. उनकी माँ एक संगीत शिक्षिका थीं और घर भी चलाती थीं. हाईस्कूल के बाद हंट्समॅन ने पॅन्सॅल्वानिया युनिवर्सिटी के वार्टन स्कूल ऑफ फायनेंस में नाम लिखाया. सन् 1961 में 24 वर्ष की उम्र में स्नातक की उपाधि पाई और एक अंडा-प्रमोशन संस्था में सेल्समॅन की नौकरी आरम्भ की. बाद में उन्हें प्लास्टिक के अंडा रखने के डिब्बे बनानेवाली कंपनी के दल का प्रमुख बना दिया गया जहाँ उन्हें अंडा रखने के प्लास्टिक के डिब्बों का विकास करना था. सन् 1967 में जॉन हंट्समॅन, जो अब 30 वर्ष के हो गए थे और डॉल्को पॅकिंग के अध्यक्ष थे, उन्होंने

अंडा व्यवसाय और डॉव केमिकल्स के साथ एक संयुक्त व्यवसाय आरम्भ किया. सन् 1970 में हंट्सर्मॅन ने डॉल्को पॅकेजिंग कम्पनी को छोड़कर स्वयं का व्यवसाय हंट्समॅन कंटेनर के नाम से अपने भाई ब्लेन के साथ कॅलिफोर्निया के फुल्लस्टन शहर में आरम्भ किया.

सन् 1971 तथा 1972 में हंट्समॅन ने प्रेसीडेंट निक्सन के विशेष सहायक के रूप में काम किया. हंट्समॅन ने उस अंधी समर्पण-भावना के वातावरण का वर्णन किया है जो निक्सन की सेवा करते समय पूर्ण रूप से पालनी पड़ती थी. इस बारे में वे अपने एक अनुभव का वर्णन इस प्रकार से करते हैं, ''मुझे ह्वाइट हाउस स्टॉफ के प्रमुख हॅल्डमॅन ने एक अवसर पर प्रेसीडेंट की 'मदद' करने को कहा. हम वहाँ प्रेसीडेंट की सेवा करने को नियुक्त थे ही. प्रतीत हुआ मानों कोई स्वयं-शुद्ध कांग्रेसमॅन निक्सन के एजेंसी का प्रमुख बनने के किसी औचित्य पर सवाल उठा रहा हो. कुछ प्रमाण थे जिनसे साबित होता था कि मनोनीत सदस्य ने कुछ कर्मचारियों को बिना रजिस्टर किए अपने कॅलिफोर्निया के व्यवसाय में काम पर लगाया था. हॅल्डमॅन ने मुझे निर्देश दिया कि मैं इस कांग्रेसमॅन के नाम पर कोई भूतपूर्व फैक्टरी थी या नहीं, इसका पता लगाऊँ और देखूँ कि उसके खिलाफ लगाया आरोप सही है या नहीं. वह सुविधा कॅलिफोर्निया स्थित फुलेर्टन की मेरी अपनी उत्पादक फॅक्ट्री के पास ही थी... जानकारी का उपयोग निश्चय ही राजनीतिज्ञ विरोधी को लज्जित करने के लिए किया जानेवाला था... अनेक बार ऐसे अवसर आते हैं जब हम तेजी से किसी सही और गलत बात को पकड़ने को दौड़ पड़ते हैं. हम उस पर पूरी तरह से विचार नहीं करते. यह वैसा ही एक अवसर था. उस बात तक पहुँचने के लिए मेरे मानसिक नैतिक दिशा-निर्देश यंत्र को पूरे पन्द्रह मिनिट लगे... मुझे उस स्थान पर लाकर खड़ा कर दिया जब मैं समझ गया कि ऐसा करना ठीक नहीं होगा... वार्तालाप के बीच मैं ठिठक गया. ''एक मिनिट रुको, जिम,' मैंने जान-बूझकर हंट्समॅन कंटेनर के जनरल मॅनेजर से कहा, 'हम ऐसा नहीं करेंगे. मैं यह खेल नहीं खेलना चाहता हूँ. भूल जाओ कि मैंने तुम्हें फोन किया था'... मैंने हॅल्डमॅन को सूचित कर दिया कि मेरे कर्मचारी जासूसी या उस-जैसा कोई काम नहीं करेंगे. उस आदमी के खिलाफ जो अमेरिका का दूसरे नम्बर का सबसे सशक्त व्यक्ति है. मैं ना कर रहा हूँ. उन्हें इस प्रकार के उत्तर पसन्द नहीं थे. वे इसे निष्ठा की कमी समझते थे. मानों मैं अन्तिम बिदाई ले रहा था.

होने दो ऐसा ! और मुझे उस घटना के छह महीने बाद छोड़ना पड़ा... मैं एकमात्र वामपंथी कर्मचारी था जिसे सामूहिक वाटरगेट कमेटी या ग्रेंड जूरी के सामने उपस्थित होने को नहीं कहा गया था.''[131]

सन् 1974 में हंट्समॅन कंटेनर ने मॅकडोनल्ड के बिग मॅक के लिए 'सीपी की सुरक्षा' नामक कंटेनर का निर्माण किया. हंट्समॅन कंटेनर ने 80 से अधिक नए प्रकार की प्लास्टिक की पॅकेंजिंग सामग्री का निर्माण किया. सन् 1976 में हंट्समॅन ने हंट्समॅन कंटेनर्स के 8 मिलियन डॉलर्स को – सन् 2006 के मूल्य के अनुसार 28 मिलियन डॉलर्स में बेच दिया. इस सौदे की एक धारा के अनुसार हंट्समॅन ने सीईओ बने रहकर कंपनी को अपनी सेवाएँ चार वर्ष और दीं.

सन् 1982 में हंट्समॅन ने हंट्समॅन कॅमिकल्स के नाम से एक संस्था की स्थापना की. उसके आरम्भिक समय से ही हंट्समॅन के साथ यह कहानी जुड़ी हुई हैं : ''हमारी कंपनी आरम्भ में प्रसव-पीड़ा से गुजर रही थी अत: आवश्यक हो गया कि हम उसका एक अंश बेच दें. मुझे योग्य ग्राहक मिला और उसके साथ मैंने बिक्री का सौदा किया... उसे मैंने अपनी कम्पनी के 40 प्रतिशत अंश को निश्चित कीमत पर बेचना तया किया. आगामी कुछ महीनों में देर होती गई. इस बीच कार्यवाही के दौरान... हमारी व्यावसायिक गति-विधियाँ चार गुना बढ़ गईं और हमारा मुनाफा पाँच गुना बढ़कर ऐसा हो गया कि जब बिक्री के कागज़ात साइन करने का समय आया तो मूल्य $53 मिलियन से बढ़कर $250 मिलियन हो चुका था. कम्पनी के चेयरमॅन बोले, 'जॉन, तुम्हें इस समय एक महत्वपूर्ण निर्णय लेना है. या तो तुम इस महान् सौदे से बहुत पैसा कमा सकते हो, क्योंकि हमने कोई भी बात लिखित रूप से नहीं की थी, अथवा अपने पुराने सौदे पर टिके रह सकते हो जहाँ हमने स्वीकृति में हाथ मिलाए थे'... बिना हिचक के, मुझे आगे बढ़कर यह कहने का सौभाग्य मिला, 'मि. कॅम्पॅन, मैंने आपसे हाथ मिलाया था. मैंने एक अनुबन्ध किया था. मूल्य 53 मिलियन था. इसी बात पर हम, आज से छह महीने पहले राजी हुए थे.' मैं आपसे कहना चाहूँगा कि पिछले दस-पन्द्रह वर्षों के बीच, मैंने अनेकों बार आश्चर्य किया है, 'उन $200 मिलियन डॉलर्स का क्या ?' वह एक बहुत बड़ी सम्पदा थी – विशाल सम्पत्ति ! मैंने उसे निकल जाने दिया. और दूसरी ओर मैं कहता, 'आज मेरे सारे बच्चे व्यापार कर रहे हैं. वे अपने पिता को जानते हैं, वे एक एग्रीमेंट का अर्थ भी समझते हैं. यदि वह

53 मिलियन डॉलर का था या 53 डॉलर का, तो उतने का ही था. दोनों के लिए एक ही नियम होता है. सौदा, सौदा होता है. हाथ मिलाना, हाथ मिलाना होता है. ईमानदारी सत्यनिष्ठा होती है, ईमानदारी से सत्य में विश्वास !''[132]

हंट्समॅन एक महान् सौदे के पालक थे और कुशल सौदेबाज़. मगर वे सामनेवाले की मजबूरी का कभी भी फायदा नहीं उठाते थे और चाहते थे कि दोनों पक्षों का समान रूप से लाभ हो और वे अपने लक्ष्य पाएँ. हंट्समॅन को अनुभव हुआ था कि इस प्रकार से सौदा और मोल-भाव करने से आगे भी दूसरे और तीसरे सौदे मिलते हैं. इस बारे में वे अपना यह अनुभव सुनाते हैं : ''सन् 1999 वे में, मैं चार्ल्स मिलर स्मिथ के साथ एक तीव्र सौदेबाजी में उलझा हुआ था. वे उस समय ग्रेट ब्रिटेन की इम्पीरियल कॅमिकल इंडस्ट्रीज़ के प्रमुख कार्यकारी अधिकारी थे, जो राष्ट्र की सबसे बड़ी कम्पनियों में से एक थी. हम आइसीआइ के कुछ रासायनिक विभागों को पाना चाहते थे. वह मेरे जीवन का एक बहुत बड़ा सौदा होता, एक ऐसा विलयन का सौदा जो हंट्समॅन कम्पनी के आकार को दूना कर देता... दीर्घकालीन समझौते की वार्ता के बीच, चार्ल्स की पत्नी असाध्य केंसर से जूझ रही थीं... जब उनकी पत्नी गुजर गईं, वे अत्यन्त उद्विग्न थे, जैसा कोई भी सोच सकता था. हम तब भी अपना सौदा नहीं निबटा पाए थे. मैंने सोच लिया था कि प्रस्तावित 20 प्रतिशत शर्तों को मैं ज्यों-का-त्यों मान लूँगा. इस प्रकार से सम्भावना थी कि मैं इस सौदे से करीब $200 मिलियन डॉलर और नोंच लेता, मगर वह चार्ल्स की भावुक परिस्थिति के कारण होनेवाला था. अनुबन्ध जैसा था, वैसा ही बहुत अच्छा था. दोनों पक्ष जीत गए थे और मैंने जीवन भर के लिए एक अच्छा मित्र बना लिया था.''[133]

हंट्समॅन प्रथम अमेरिकन थे जो पुराने रूस के एक व्यवसाय में नियंत्रणीय हिस्सेदार थे. उन्होंने एक डिब्बों की कंपनी देश की आर्थिक दशा सुधारने के लिए स्थापित की थी. 'आरम्भ में कंपनी को निर्देश दिया गया था कि उन्हें उन डिब्बों पर एक नियत टेक्स देना पड़ेगा जो रूस में बिकेंगे और रूस से बाहर निर्यातित डिब्बों पर बहुत कम टेक्स लगेगा, जो रूस के पुराने देश थे. कम्पनी का उत्पादन आरम्भ होने बाद एक कर अधिकारी ने आकर उनसे कहा कि निर्यात के डिब्बों पर कर की दर बढ़ा दी गई है – यह एक ऐसी बात थी जिससे कम्पनी को बहुत नुकसान होता. फिर भी, ऑफीसर ने आगे कहा कि यदि उसे घूस दी जाए तो वह 'बात को सँभाल

सकता' है. जॉन हंट्समॅन का सिद्धान्त किसी को घूस देने का नहीं था. और न उन्होंने कभी दी थी और न कभी देनेवाले थे. ऑफीसर जोर दे रहा था. जॉन हंट्समॅन ने फेक्टरी स्थानीय व्यवस्थापकों को 1 डॉलर में बेचने का निर्णय लिया, बजाय घूस देने के. उन्होंने अपनी करोड़ों डॉलर की पूँजी गँवा दी, मगर वे अपनी सत्यनिष्ठा को सुलह करके, दाँव पर नहीं लगा सके.''[134]

हंट्समॅन कॉर्पोरेशन का सर्वोपरि मूल्य था : ''हमारा विश्वास है कि अच्छे व्यावसायिक सिद्धान्तों की नींव है नैतिक एवं सदाचारी मान-दण्ड, और हम इसी ईमानदारी - सत्यनिष्ठा - के साथ काम करते रहेंगे.''[135] सन् 2005 में हंट्समॅन कॉर्पोरेशन के पास 24 राष्ट्रों में 78 कार्य थे जिनमें 15,000 कर्मचारी काम कर रहे थे और कम्पनी की कमाई 13 बिलियन डॉलर थी. हंट्समॅन इस बात के जीवन्त उदाहरण थे कि ''अच्छे व्यक्ति सचमुच जीवन में प्रथम आते हैं और रहते हैं.''[136].

विशेष गुण 6 : आशावादिता

“आशावादिता वह आस्था है जो सफलता की ओर ले जाती है.”

– हेलन कॅलर

अध्याय X

समाधान या बहाने

''विश्व इन दिनों इतनी तेज गति से चल रहा है कि
जो कहता है कि इसे नहीं किया जा सकता है,
अक्सर उसे रोककर कोई करने बैठ जाता है.''

– एल्बर्ट हब्बार्ड

अनेकों व्यक्तियों के दिमाग अभाव के विचारों से बँध चुके हैं. अध्ययनों से ज्ञात हुआ कि हम अपने जीवन के प्रथम अठारह वर्षों में औसत 1,48,000 'ना' या 'नहीं' को सुन चुके होते हैं.[137] 'हमे लगातार, माता-पिता के द्वारा, मित्रों, अध्यापकों, टेलीविजन और सहकर्मियों के द्वारा यह बतलाया जा चुका होता है कि हम अमुक-अमुक काम नहीं कर सकते हैं. दिमाग की इस प्रकार की अनुकूलित स्थिति हममें से अधिकांश को अपनी पूरी क्षमता नहीं पाने देती है. दिमाग के ऐसे बन्धन हमें विश्वास दिलाने लगते हैं कि हम महान् नहीं बन सकते हैं और हमें उसके लिए कोशिशें नहीं करनी चाहिए. यदि हम प्रयत्न करेंगे तो असफलता हाथ लगेगी. यह परिणाम जीवन के प्रति निराशापूर्ण दृष्टिकोण है. निराशावादी क्या नहीं किया जा सकता है की मनोदशा के साथ जीवन में प्रवेश करता है, बजाय उसे कैसे किया जा सकता है की जिज्ञासा के.

हमारे प्रत्येक के अन्दर छिपी निराशा की भावना को समाप्त करने के लिए, हमें अपनी जीवन-दृष्टि को बदलना होगा और बहानों के बदले समाधान खोजने होंगे. मैंने अक्सर लोगों को बहाना करते सुना है, ''मैं इसे नहीं कर सकता हूँ.'' यदि वे बहाना करने के बदले इस बात से आरम्भ करते, ''इसे किस प्रकार से किया जा सकता है ?'' यह कहना, ''मैं इसे करने में समर्थ नहीं हूँ.'' या ''यह तो असम्भव है,'' के स्थान पर पूछें, ''इसे करना कैसे सम्भव होगा ?'' हमारी जीवन-दृष्टि में यह छोटा-सा परिवर्तन जीवन में अनेकों उपलब्धियाँ ला सकेगा.

मसाज की कुर्सी

मैं अपने एक व्यावसायिक साथी और आर्थिक सलाहकार गुरु के साथ मीटिंग में व्यस्त था. इस बैठक के समय हम दोनों मल्टीमिलियन डॉलर कम्पनियों के संस्थापक और सीइओ थे. मीटिंग के बीच डिलिवरी मॅन मेरे शिक्षा-गुरु को एक मसाज की कुर्सी देने आए. उनका ऑफिस सबसे ऊपर की मंजिल पर था. ऑफिस तक पहुँचने का एक मात्र मार्ग सँकरी सीढ़ियाँ थीं जो घूमती फिरतीं ऊपरी ऑफिस के दरवाजे तक जाती थीं. कुछ मिनिट बाद दोनों डिलिवरी मॅन वापिस आकर मेरे शिक्षा-गुरु से बोले कि कुर्सी ऑफिस के अन्दर नहीं जा सकती है. मनीषी गुरु ने तत्काल उत्तर दिया ''ऑफिस में कुर्सी को ले जाने का रास्ता ढूँढ़ो.'' और हम बातें करने में लग गए. इस पर कुर्सी देने आए दोनों कर्मचारी बोले कि उन्होंने माप लिया था और कुर्सी अन्दर नहीं जा सकती है. मनीषी गुरु ने फिर से कहा, ''कुर्सी को अन्दर ले जाने का रास्ता ढूँढ़ो,' और हम फिर से बातों में लग गए. दोनों डिलिवरी मॅन वापिस प्रयत्न करने के लिए चले गए. कुछ मिनिटों बाद वे वापिस आए और बोले, ''कुर्सी को अन्दर ले जाने का कोई भी तरीका नहीं है. उसे अन्दर बिठालना असम्भव है.''

मेरे प्रज्ञा-पुरुष ने मेरी ओर देखा और कहा, ''क्या तुम कृपया मेरी मसाज-कुर्सी को मेरे ऑफिस में ले जाओगे ?'' ''बिल्कुल,'' मैंने जवाब दिया और काम पर लग गया. देने आए आदमी किसी काम के नहीं थे. मैंने कुर्सी को सीढ़ियों से ऊपर ले जाने और दरवाजे से भीतर जाने के विकल्पों के बारे में जब सोचना आरम्भ किया तो वे बोले, ''कुर्सी अन्दर नहीं जा सकती है, हम पहले भी दो बार प्रयत्न कर चुके हैं. इस पर मैंने माप लेना शुरू किया, इस पर वे बोले, ''हमने पहले ही माप लेकर देख लिया है. वह असम्भव है.''

मैंने हिसाब लगाया कि यदि हम दरवाजे को खोल दें और उसका अन्दर का ढाँचा भी खोल दें और कुर्सी को राइट ऐंगल से उठाकर अन्दर ले जाएँ तो वह करीब करीब छूते हुए दरवाजे से अन्दर चली जाएगी. देनेवालों ने तो कह दिया था कि उसे अन्दर ले जाना असम्भव है क्योंकि वह सीढ़ियों के घुमाव पर अटक जाएगी और उसे राइट ऐंगल पर रखने के बाद ही वह दरवाजे के अन्दर जा सकती थी. मैंने उनसे कहा कि अन्दर ले जाना सम्भव है मगर उसके लिए चार आदमी चाहिए. मैंने पूछा कि क्या

वे सहायता करेंगे, उन्होंने यह कहते हुए इन्कार कर दिया, ''वह अन्दर जा ही नहीं सकती है और आप जो करेंगे उससे कुर्सी को नुकसान पहुँचेगा. यदि आप कोशिश करना चाहते हैं तो जिम्मेदार आप रहेंगे.'' मेरा ऑफिस मेरे महागुरु के ऑफिस के निकट ही था. मैंने अपनी कंपनी को फोन करके तीन कर्मचारियों को मदद के लिए बुलाया ताकि कुर्सी को रखा जा सके. उनके आने पर हमने कुर्सी को उठाया और सीढ़ियों से ऊपर ले जाने का प्रयत्न करने लगे हम देख रहे थे और हम जब प्रयत्न कर रहे थे, डिलीवरी मॅन आपस में कह रहे थे कि कुर्सी ऑफिस में जा ही नहीं सकती. कुछ ही मिनिटों में कुर्सी सीढ़ियों से ऊपर पहुँच गई, कोना काटकर दरवाजे से अन्दर गई और ऑफिस में रख दी गई. हमने असम्भव को कर लिया था, बिना कुर्सी या दीवालों को नुकसान पहुँचाए.

मैंने अपने ऑफिस के तीनों कर्मचारियों को धन्यवाद दिया और अपनी मीटिंग को आगे बढ़ाया. मैंने अपने प्रज्ञा-गुरु के ऑफिस में जाकर उनसे कहा, ''मसाज की कुर्सी आपके ऑफिस में पहुँच गई है.'' उन्होंने उत्तर दिया, ''अभी-अभी जो हुआ है हम उससे एक महत्वपूर्ण पाठ सीख सकते हैं. डिलिवरी-मॅन बहानों के साथ आए थे, तुम समाधानों के साथ आए. वे बोले थे, 'यह असम्भव है.' तुमने पूछा, ''हम असम्भव को कैसे कर सकते है ?'' फिर मेरे प्रज्ञा-गुरु ने मेरी आँखों में देखा और कहा, ''इसीलिए वे 8 डॉलर प्रति घंटे कमाते हैं और तुम मिलियोनियर बननेवाले हो.''

विंस्टन चर्चिल – साहसपूर्ण आशावादी

''10 मई सन् 1940 के दिन विंस्टन चर्चिल छाछट वर्ष की उम्र में इंग्लेंड के प्रधान मंत्री बने. यह वह समय था जब शक्तिशाली जर्मन एयर फोर्स चौबीसों घंटे हवाई हमले कर रही थी और इंग्लेंड पर हवाई जहाज भर-भरकर बम गिरा रही थी. कोई नहीं जानता था कि ब्रिटेन एक हफ्ते टिक पाएगा या एक महीने.''[138] परिस्थिति निराशाभरी थी. नाज़ी फौज़ें फ्रांस, बेल्जियम और हॉलेंड को रौंद रही थीं. जोजेफ पी. कॅनेडी जो लन्दन में अमेरिकी राजदूत थे उन्होंने वाशिंगटन से कह दिया था कि ब्रिटेन समाप्त हो चुका है.''[139]

इस निराशा और विनाश के धुँधलके में और दूसरों को जो परिस्थिति

असम्भवता से भरी लग रही थी, चर्चिल ने आस्था और दृढ़ता से ऑफिस सँभाला. उस दिन के बारे में चर्चिल लिखते हैं, ''मुझे प्रतीत हुआ मानों मैं भाग्य का हाथ पकड़कर चल रहा हूँ और मेरा पिछला जीवन इस परीक्षा की घड़ी की सिर्फ तैयारी थी... और मुझे विश्वास था कि मैं विफल नहीं होऊँगा.''[140]

''चर्चिल के अदम्य साहस का स्रोत उनकी असीम आशावादिता थी. सिर्फ कोई आशावादी ही साहसी हो सकता है क्योंकि साहस आशाओं के सहारे जीता है और जानता है कि खतरों और दुर्घटनाओं से पार पाया जा सकता है. मैं उनमें से एक हूँ,' उन्होंने सन् 1910 में टिप्पणी की थी, 'जो विश्वास रखते हैं कि विश्व दिनों दिन अधिक अच्छा होता जाएगा.' उन्होंने निराशापूर्ण विचारों को नकार दिया था. सन् 1916 में, फ्रांस में, अपने खन्दक के सिपाहियों को उपदेश देते हुए वे बोले थे : थोड़ा-सा हँसो और अपने साथियों को भी हँसना सिखाओ... यदि तुम हँस नहीं सकते हो तो कम-से-कम थोड़ा-सा मुस्कुराओ. यदि मुस्कुरा भी नहीं सकते हो तो मुस्कुराने के रास्ते से तब तक के लिए हट जाओ जब तक मुस्कुराना सम्भव न हो जाए.''[141]

13 मई सन् 1940 में चर्चिल ने प्राइम मिनिस्टर के रूप में अपना पहला भाषण हाउस ऑफ कॉमन्स में दिया. वे बोले, 'आपने पूछा था, हमारा लक्ष्य क्या है ? मैं उसे एक शब्द में कह सकता हूँ. विजय... सारे विध्वंस के बावज़ूद विजय. विजय, फिर मार्ग चाहे जितना दीर्घ, दुर्गम और कठिन क्यों न हो... ईश्वर हमें जितनी भी शक्ति दे सकता है... मैं अपने कार्य को उछा लूँगा और आशा के साथ स्वीकार करूँगा, मुझे पूरा विश्वास है कि हमारा ध्येय निष्फल नहीं होगा.''[142]

''तूफानी हमले की रात्रि के दूसरे दिन सुबह, चर्चिल हमले के स्थल पर पहुँचे : पूर्वी लंदन एवं बन्दरगाहों पर. एक हवाई हमले से बचाव-केन्द्र पर सीधा हमला हुआ था, दर्जनों मरे थे और कई गुना अधिक घायल हुए थे. चर्चिल की कार कोहराम के बीच रुकी. 'बहुत अच्छा किया आप यहाँ आए,' भीड़ ने कहा. जब उन्होंने भीड़ से पूछा कि क्या वे निराश हैं, भीड़ ने चिल्लाकर जवाब दिया, 'नहीं !' चर्चिल वहाँ कहने और लोगों को धीरज बँधाने आए थे कि उन्हें ऐसी स्थिति आगामी महीनों या सम्भव है वर्षों सहनी पड़े.''[143]

''चर्चिल कभी भी संयोग को विफलता की योजना नहीं बनाने देगा क्योंकि वे

जानते थे कि वह अन्त में बिखर जाएगी और निराशा को जन्म देगी. सन् 1940 में प्रधान मंत्री बनने के कुछ ही सप्ताह बाद चर्चिल को एक सर्वनाशी दिन की योजना का सुराग मिला जो ब्रिटेन पर जर्मनी के सम्पूर्ण हमले के दिन काम में आनेवाली थी. राजसी परिवार और सरकार के प्रमुख सदस्यों को हटाकर कॅनाडा भेजा जानेवाला था. चर्चिल ने उस प्रस्ताव को पूरी तरह से निरस्त करते हुए कहा, 'हम उन्हें अफसोस करने पर मज़बूर कर देंगे कि उन्होंने किस दिन हमारे द्वीप पर आक्रमण किया.''[144]

''अक्टूबर 1940 के आखिरी सप्ताह में जब बम के हमलों में मरनेवालों की संख्या हर महीने छह हजार से भी अधिक हो गई थी, एक चौबीस घंटे की अवधि में ब्रिटेन पर सात सौ हवाई जहाजों ने हमला किया था... चर्चिल ने अपनी बुद्धि उस बुरे समाचार को किस प्रकार से कहने में लगा दी और उसमें भी आशा खोजी जिसे लोग पराजय कह रहे थे... अक्टूबर 1940 में, उस विध्वंसकारी हवाई हमले के बाद चर्चिल ने एक भाषण दिया था कि किस प्रकार से 'शहर अपने विनाश की राख से फिर से उभरेंगे' और तूफान में जले मकानों का निर्माण फिर से किया जाएगा... जब

नाज़ियों ने आवश्यक सामानों की पूर्ति के जहाजों को डुबो दिया तो चर्चिल ने लोगों को बताया था कि कई सौ जहाज बिना खरोंच के आ चुके थे.''[145]

सबसे दुर्गम समय में भी, चर्चिल आशावादी बने रहे और उनमें विश्वास बना रहा कि वे अवश्य विजयी होंगे. एक बीबीसी के प्रसारण में चर्चिल ने घोषणा की थी, ''हमने प्रण लिया है कि हिटलर और उसके नाज़ी राज्य के हर अवशेष को हम नष्ट कर देंगे. इससे हमें कोई भी – हाँ, कोई भी – विमुख नहीं कर सकेगा. हम हिटलर और उसके गेंग के साथ न कभी सुलह करेंगे और न ही साथ चलेंगे. हम उनसे जमीन पर युद्ध करेंगे, समुद्र पर युद्ध करेंगे और हवा में लड़ेंगे, जब तक, ईश्वर की मर्जी से हम उसकी छाया को भी धरती पर से समाप्त नहीं कर देते.''[146]

''चर्चिल ने न सिर्फ आशा के कारणों को देखा था बल्कि द्वितीय विश्व-युद्ध के सबसे कालिमामय दिनों में आस्था को बनाए रखा था. उन्होंने अपने अद्‌भुत आत्म-संयम और आशावाद को अपने राष्ट्र, सशस्त्र सेना और स्वयं के स्टाफ की नींव बनाया था. चर्चिल सरकार के एक मिनिस्टर लियो एमरी इस बारे में इस प्रकार से कहते हैं, ''उनके कॅबिनेट का कोई भी मिनिस्टर कभी भी बिना अधिक ऊर्जावान बने, छोड़कर नहीं गया... महान् नायक उस छिपी शक्ति को उभारकर सामने ला देते हैं जिसका उन्हें ज्ञान ही नहीं होता कि वह उनमें है.''[147]

8 मई, 1945 को रेडियो ने घोषणा की, चर्चिल ने उद्‌घोषणा की है कि जर्मनी ने बिना शर्त समर्पण कर दिया है और सन्धि-पत्र पर दस्तखत कर दिए हैं. चर्चिल ने अपनी ओर से कहा, ''अत: अब जर्मन-युद्ध समाप्त हो गया है... इस द्वीप से, और हमारे संयुक्त साम्राज्य से, हमने उस युद्ध को अकेले हाथों, तब तक जारी रखा जब तक सोवियत रूस, और.... युनायटेड स्टेट्स ऑफ अमेरिका की महान् सैनिक शक्तियों ने हमें सहयोग देना आरम्भ किया... अन्त में सारा विश्व उस पापी देश के विरुद्ध जुड़कर एक हो गया और जो अब हमारे सामने नत-मस्तक, भूमि पर पड़े हुए हैं... अब हमें अपनी सारी शक्ति और साधन अपने उद्देश्य को पूरा करने में लगा देने चाहिए ताकि हमारे घर में और विश्व में सभी ठीक हो जाए... आज़ादी का मकसद, जिन्दाबाद !... अब हमें विनम्रता से सर्व शक्तिशाली ईश्वर का आभार मानना चाहिए कि उन्होंने जर्मनों के प्रभुत्व की सम्भावनाओं के बीच भी हमारी आशाओं को बनाए रखा.''[148]

कभी हार न मानने की चर्चिल की ज़िद के सामने और आशाओं में उनकी आस्था के कारण कि विजय अवश्य उनकी ही होगी, ने देश को बहादुरी से, सिर उठाकर लड़ने को प्रेरित किया. बीच में असंख्य मुश्किलें आईं मगर उन्हें दूसरे देशों का सहयोग मिला और उनका ध्येय - विजय उन्हें मिली.

24 जनवरी, 1965 को चर्चिल की मृत्यु हुई. उनकी अन्त्येष्ठि में 3 लाख से ज्यादा लोगों ने उनके शव की शव-मंजूषा के दर्शन किए और शव-यात्रा का दर्शन करोड़ों लोगों ने टीवी पर किया ताकि वे उन्हें अपने अन्तिम प्रणाम दे सकें जिन्होंने इतिहास के मार्ग को बदल दिया था. ‘‘चर्चिल के कर्मों ने अत्यन्त नाटकीय ढंग से महान् परिवर्तन कराया और मानवता का इतिहास बदल गया... वे जानते थे कि यदि ब्रिटिश लोगों के मन, मस्तिष्क और भावनाओं को एकत्र कर दिया गया तो वे अन्त में विजयी हो जाएँगे... चर्चिल ने न सिर्फ ब्रिटेन को पराजय से बचाया बल्कि उसे आत्म-चिन्तन भी कराया कि दुनिया में प्रशासन की डेमोक्रेट्रिक - गणतंत्रीय - पद्धति को बचाना कितना आवश्यक है. वे एकमात्र व्यक्ति थे जिनके जीवन ने हमारे ग्रह के अन्य सभी प्राणियों के जीवन पर प्रभाव डाला.’’[149]

अध्याय XI

औरों का उत्कर्ष करें

''नेतृत्व दूसरों के जीवन में अच्छाई को
कार्यशील बनाने की क्षमता है.''

- स्टर्लिंग सिल

देख रहा उनको मकान एक तोड़ते,
लोगों का समूह और व्यस्त वह शहर था.
'हो-''हा','उठाओ' - 'धकेलो के नाद में
एक बीम को झुलाया और बगल की भींत गिरी
मजूरों के मुखिया को बुला कर के जाना यह
''नहीं हैं ये कुशल कारीगर
इनसे नहीं है बनवाना, मुझे तो बस तुड़वाना
तुड़वाना इनसे है, मामूली मजूर हैं ये
ये ही मुझे चाहिए.
दो ही एक दिनों में धराशायी होगा वह -
जिसे बनाने में, वर्षों लगे थे कभी.''
डगर पर अपनी, आगे मैं बढ़ गया,-
मनन-चिन्तन-विचार करता हुआ
इनमें का कौन-सा, काम है मैंने किया
क्या मैं निर्माता हूँ, देख-भाल करता जो
निर्माण ही करता है - नाप-जोख, इंच-फुट से जीवन को मापता ?
हूँ या मैं विध्वंसक, घूम रहा शहर-गाँव तुड़वाकर मजूरों से
मन में बहुत तुष्ट हूँ.
- अज्ञात् कवि

महान् सफलताएँ पानेवाले व्यक्ति अच्छी तरह से जानते हैं कि अपने आस-पास के व्यक्तियों को किस प्रकार से ऊपर उठाना. आपके शब्द या कार्य दूसरों को बनाने या नष्ट करने के काम में आ सकते हैं. महान् उपलब्धियाँ पानेवाले सफल व्यक्ति अपने पास के लोगों का भी निर्माण करते हैं.

अध्ययनों से ज्ञात हुआ है कि लोगों के साथ-साथ चलने और उन्हें प्रभावित करने से सफलता पाने में बहुत मदद मिलती है. टॅडी रूज़वेल्ट हमें सिखाते हैं, ''सफलता के नियम का सबसे प्रमुख, एकमात्र तत्व है, दूसरों के साथ कैसे निभाना.'' डेल कार्नेगी अपनी पुस्तक *''हाउ टू विन फ्रेंड्स एंड इंफ्लुऐंस पीपल''* में लिखते हैं, ''खोजों से ज्ञात हुआ कि शास्त्रीय कामों जैसे इंजीनियरिंग से भी अधिक हमारी 15 प्रतिशत अर्थिक सफलता दूसरे के तांत्रिक ज्ञान पर आधारित रहती है और 85 प्रतिशत मानवीय तंत्र-ज्ञान की कुशलता, व्यक्तित्व एवं दूसरों का नेतृत्व करने की क्षमता पर.'' वे आगे कहते हैं, ''उदाहरणार्थ, कोई भी व्यक्ति सिर्फ इंजीनियरिंग में कुशल व्यक्ति को काम पर रखकर या लेखाकार, आर्किटेक्ट या अन्य किसी व्यवसाय के विशेषज्ञ को मामूली तनख्वाह पर रखकर काम निकाल सकता है. मगर वह व्यक्ति जिसे शास्त्रीय ज्ञान के साथ-साथ विचारों को प्रकट करना भी आता है, नायकत्व भी स्वीकार सकता है और लोगों में उत्साह भी जगा सकता है - वही व्यक्ति कमाई के ऊँचे स्तर तक जा सकता है. अपनी उन्नति और कार्यों के उच्चतम स्तर पर पहुँचने के बाद जॉन डी. रॉकफॅलर कहते हैं, 'लोक-व्यवहार का ज्ञान उतना ही अधिक बिकाऊ होता है और खरीदने की वस्तु होता है जितनी शक्कर या कॉफी.''[150]

आगे वे 15 सिद्धान्त दिए जा रहे हैं जो दूसरों को ऊपर उठाने में आपकी सहायता करेंगे :

1. सच्ची प्रशंसा करें / बधाइयाँ दें

लोगों को जरूरत होती है, और वे चाहते हैं कि लोग उनकी तारीफ करें, उन्हें अभिनन्दन दें. बधाइयाँ लोगों के अन्दर से उनके सर्व श्रेष्ठ को उभारकर बाहर ले आता है और उन्हें प्रेरणा देता है. भले ही लोग गल्तियाँ करें, हमें उनके सफल प्रयत्नों पर ध्यान देना चाहिए और उनके लिए उन्हें शुभ-कामनाएँ देनी चाहिए. आदमी का स्वभाव होता है लोगों की गल्तियाँ निकालना. इससे उनकी कार्य-कुशलता और

क्षमता कम हो जाती है. प्रोत्साहन एवं अभिनन्दन सिखाने के अधिक अच्छे साधन हैं बजाय आलोचना और नुक्ताचीनी के, अत: अपने आस-पास के लोगों को शुभ-कामनाएँ देने के अवसर तलाशते रहें.

2. मुस्कुराहट

शब्दों की अपेक्षा कार्य अधिक जोरों से बोलते हैं और मुस्कुराहट कहती है, ''मुझे आप पसन्द हैं. आप मुझे सुखी करते हैं. आपसे मिलकर मैं प्रसन्न हूँ.'' वे व्यक्ति जो मुस्कुराते हैं, अधिक प्रभावशाली ढंग से सिखा सकते हैं.

3. नाम याद रखें

किसी व्यक्ति के नाम को याद रखकर उसे बार-बार प्रयोग में लाना एक प्रभावशाली अभिनन्दन है. किसी नाम को भूलते ही अथवा गलत उच्चारण करते ही हम स्वयं का बहुत बड़ा नुकसान करते हैं. प्रत्येक परिचित व्यक्ति के नाम को याद रखने के लिए समय निकालें. जब कोई आपको अपना नाम बताए तो खयाल रखें कि आपने उसे सही सुना है. फिर उसे मन ही मन बार-बार दुहराकर याद रखने की कोशिश करें. उसका किसी और वस्तु से संबंध जोड़ें ताकि याद रहे और फिर उसे कहीं लिख लें.''[151]

4. मूल्यों का फर्क

लोगों में सफल बनने के लिए आपको लोगों के मानसिक, भावनात्मक और मनोवैज्ञानिक फर्क को समझना होगा ताकि आप समझ सकें कि लोग दुनिया को उस रूप में नहीं देखते हैं जैसी वह है बल्कि वैसे देखते हैं, जैसे वे स्वयं हैं. लोगों के साथ यथार्थ में प्रभावशाली वह होता है जिसमें स्वयं की अन्तिम सीमाओं को समझने की विनम्रता होती है और जो दूसरों के मन-मस्तिष्क के सम्पर्क में आकर बहुमूल्य स्रोतों का मूल्य समझ सकता है. दूसरे आपके ज्ञान को बढ़ाते हैं और यथार्थ को समझने में सहायता करते हैं. कई बार दो लोग एक-दूसरे से अलग विचार रखते हुए भी सही हो सकते हैं. जैसे, एक कमरे का तापमान 70 डिग्री हो और एक व्यक्ति उसे ठण्डा बतावे और दूसरा गर्म. इन दोनों में से कौन-सा व्यक्ति सही है ? क्या एक सही और दूसरा गलत है ? नहीं, अपने अपने दृष्टिकोण से दोनों सही हैं. एक दूसरे से यह

कहना कि वे सही हैं और दूसरा गलत, मूर्खता होगी. जब तक हम अपने दृष्टिकोणों के अन्तर का मूल्यांकन नहीं कर लेते और इस सम्भावना को नहीं मान लेते कि दोनों सही हो सकते हैं, हम अपने संबंधों में अन्तर पाकर लड़ते रहेंगे.

5. गपशप मत करो

अपने आस-पास के लोगों के बारे में नकारात्मक बातें करने और गप्पें हाँकने की लोगों की आदत होती है. वे दूसरों की गल्तियाँ निकालते रहते हैं. आप इसमें हिस्सा न लें. यदि आप किसी की अनुपस्थिति में उसके बारे में निषेधात्मक बातें करेंगे तो आप उपस्थित लोगों को सन्देश दे रहे होंगे कि आप उनके बारे में भी ऐसा ही करेंगे. आदर और विश्वास पाने का यही उपाय है कि आप उनके प्रति भी आदर और विश्वसनीयता का भाव रखें जो उपस्थित नहीं हैं.

यदि किसी खास व्यक्ति की सार्थक आलोचना करना आवश्यक हो तो उसे अकेले में, प्यार से उसकी मदद करने के उद्देश्य से करें. उसे दूसरों के सामने न सुधारें. ऐसे ही, किसी व्यक्ति के बारे में बताते समय वह बताएँ जिसे व्यक्ति ठीक से करता है और आपको उसकी कौन-सी बातें पसन्द हैं और पहले अपनी भूलों की चर्चा करें, तब उसकी भूलें सुधारें.

6. यदि बुरा लगे तो आगे बढ़कर स्वीकारें

अक्सर जब हमें कोई आघात पहुँचाता है तो हम राह देखते हैं कि वह आगे बढ़कर आए और हमसे माफी माँगे अथवा कम से कम यह तो स्वीकार करे कि उसने हमारे साथ गलत व्यवहार किया है. यदि माफी नहीं आती है तो हम अपने घावों को सड़ने देते हैं और हमारे दिलों के बीच कडुवाहट और विद्रोह की भावनाएँ ज़हर की तरह से फैल जाती हैं. तब हमारे संबंध न सिर्फ बिगड़ जाते हैं बल्कि आत्मा में भी कडुवाहट भर जाती है. नेल्सन मंडेला ने शिक्षा दी थी, ''बदले की भावना ज़हर पीने जैसी होती है और फिर हम आशा करते हैं कि हमारे दुश्मन उससे मर जाएँगे.'' अनेकों बार, यदि हम परिस्थिति को साफ करने की पहल करें तो समस्या का समाधान तत्काल हो जाता है.

7. बुराई के बदले अच्छाई को लौटाएँ

हमारा स्वभाव बन जाता है कि हम दूसरों के साथ वैसा ही व्यवहार करते हैं जैसा दूसरे हमारे साथ करते हैं. बुराई को बुराई करके चुकाना और अच्छाई के बदले अच्छा करना, जैसे को तैसा करने का, आदान-प्रदान का सिद्धान्त है. यह नियम या तो सम्बन्धों में सुधार करता है अथवा उन्हें और बिगाड़ता है. जैसे, यदि कोई व्यक्ति आपके साथ दयालु नहीं है तो आप भी उसके साथ निर्दय बनकर व्यवहार करते हैं. आपकी निर्दयता उनके निरन्तर उदास व्यवहार को बढ़ाएगी और आप सहसा, सभी से निर्दयता का व्यवहार पाने लगेंगे. अन्तिम परिणाम निषेधात्मक और विध्वंसक संबंध होगा.

जैसे को तैसा का सिद्धान्त सकारात्मक दिशा में भी काम कर सकता है. उदाहरण के लिए, यदि आप किसी के प्रति दयालुता और स्नेह दिखाते हैं तो वे भी स्वाभाविक रूप से आपके साथ दयालुता का व्यवहार करेंगे. इसके परिणामस्वरूप आप और अधिक दयालु एवं स्नेहशील बन जाएँगे. यह चक्र अधिकाधिक दया और प्रेम लाएगा तथा सार्थक एवं गाढ़े संबंधों का निर्माण होगा. ''घृणा का अन्त कभी घृणा से नहीं होता, उसे प्रेम से ही समाप्त किया जा सकता है.''[152]

8. लोगों को उनके सही स्वरूप में स्वीकारें

हम किसी भी व्यक्ति को तब तक पूरी तरह से प्यार नहीं कर सकते जब तक कि उसे ज्यों-का-त्यों स्वीकार न कर लें. इसका यह अर्थ नहीं होता कि हम उसके व्यवहार को स्वीकार कर रहे हैं. हाँ, यह अर्थ अवश्य होता है कि हमारा उनके प्रति प्यार उनके व्यवहार या कार्यों पर आश्रित नहीं है. जब हम उनके प्रति अपनी स्वीकृति को बढ़ा देते हैं और उन्हें ज्यों-का-त्यों स्वीकार कर लेते हैं और अपनी उस स्वीकृति को सच्चाई से उन तक पहुँचा देते हैं तो हमारा प्रेम भी उसके प्रति बढ़ जाता है.

9. उस व्यक्ति से कहें, ''मैं तुमसे प्यार करता हूँ !''

जब हम सामनेवाले को सच्चे दिल से कहकर बता देते हैं, ''मैं तुमसे प्यार करता हूँ !'' तो दिलों के बीच एक भावनात्मक प्रतिक्रिया उठती है जो दोनों को भान कराती है कि दोनों के बीच प्यार है. यह क्रिया तब पूरी होती है जब सामनेवाला भी

सच्चे दिल से उत्तर देता है, "मैं भी तुम्हें प्यार करता हूँ." हम अपने प्यार को शब्दों के माध्यम से प्रकट करके बढ़ा लेते हैं.

10. दूसरों की सेवा करें

जब हम दूसरों को उनके लक्ष्य पाने में सहायता करते हैं तो हम भी अपने लक्ष्य पा जाते हैं. सेवक बनना सीखें और आप सफल बनना भी सीख जाएँगे. वह एक अनेक बच्चों की माँ का जन्म-दिन था. एक-एक करके बच्चों ने अपनी माँ को भेंटें देना आरम्भ किया. अब सबसे छोटे बच्चे की बारी आई. उसे एक चाँदी की रकाबी अपनी माँ को देने के लिए दी गई थी. उसने भेंट के साथ अपनी माँ के पास जाना आरम्भ किया, तभी उसके ध्यान में आया कि प्लेट तो खाली है. उसने प्लेट को माँ के सामने रखा और उसमें खड़ा हो गया और बोला, "माँ, मैं आपको स्वयं को दे रहा हूँ." महानतम भेंट जिसे आप दे सकते हैं, दें. स्वयं को समर्पित कर दें.

11. सुनें और समझने का प्रयत्न करें

हमारी भावनाएँ और विचार इस बात पर आधारित रहते हैं कि हम परिस्थितियों को किस प्रकार से लेते हैं. अत: कार्य करने से पहले परिस्थितियों को ठीक से समझना आवश्यक है. अनेक बार, जब तक हम परिस्थिति को सही रूप से समझ पाते हैं, हमारी अनुभूतियाँ और विचार पूरी तरह से बदल चुकते हैं.

इस बात को ठीक से समझाने के लिए हम यहाँ एक अंग्रेज स्त्री और स्कूल के मास्टर की कहानी दे रहे हैं. इसमें दोनों के बीच की गलतफहमी को बताया गया है. एक बूढ़ी अंग्रेज-स्त्री को स्विट्ज़रलेंड में कुछ कमरे चाहिए थे. उन्होंने स्थानीय स्कूल के एक मास्टर से मदद माँगी. उनकी इच्छा के अनुसार एक छोटी-सी जगह मिल गई और महिला अपना सामान लाने के लिए लन्दन लौट गईं. फिर उन्हें याद आया कि उनके मकान में कोई बाथरूम या जिसे वे 'वाटर क्लोज़ेट' कहती थीं, वह तो कहीं दिखा ही नहीं था. अत: उन्होंने स्कूल मास्टर को इस बारे में पत्र लिखा. वे भी "W.C." के शब्दों से आश्चर्य में पड़ गए. वे सोच भी नहीं सकते थे कि वह बाथरूम के बारे में पूछ रही हैं. मास्टर ने अन्त में पॅरिश प्रीस्ट की मदद ली जिन्हें लगा कि " W.C." का मतलब Wesleyan Church होता है. उन्होंने इस प्रकार

से उत्तर दिया :

''मान्यवर मॅडम,

घर से नौ मील दूर, खूबसूरत पेड़ों के झुरमुट में बीचों बीच डब्ल्यू. सी. है. उसमें एक साथ 350 व्यक्तियों को समाने की क्षमता है और मंगलवार, गुरुवार, रविवार को प्रत्येक सप्ताह खुला रहता है. गर्मियों के महीनों में, बड़ी संख्या में लोग उपस्थित होते हैं, अत: हमारा सुझाव है कि आप सुबह जल्दी जावें, वैसे तो उसमें अनेक लोगों के खड़े रहने की जगह है. कुछ लोग वहीं जाकर खाना खाना पसन्द करते हैं और अपना दिन सफल बनाते हैं, विशेष करके गुरुवार को, जब अंग आपस में जुड़ते हैं – जब वाद्य-यंत्र साथ होते हैं – आवाजें बहुत मधुर होती हैं और हर कोई छोटी-से-छोटी ध्वनि भी सुन सकता है.

शायद आप जानना चाहें कि मेरी लड़की की शादी भी डब्ल्यू. सी. में ही हुई थी और वहीं उसकी मुलाकात अपने पति से हुई थी. हमें विश्वास है कि आप भी वहाँ शीघ्र लगनेवाले बाज़ार – मेले के लगने तक पहुँच जाएँगी. उसकी आमदनी से सुविधाजनक सीटें खरीदी जाएँगी जिसकी आवश्यकता सभी, बहुत दिनों से अनुभव कर रहे हैं क्योंकि इस समय की सीटों में छेद हैं. विशेष करके मेरी पत्नी बहुत नाजुक है अत: वह नियमित रूप से वहाँ नहीं जा सकती है. छह महीने पहले वह वहाँ गई थीं. स्वाभाविक ही है कि वहाँ बार-बार न जा पाने के कारण उन्हें कष्ट होता है. अब मैं यह पत्र इस आश्वासन के साथ बन्द कर रहा हूँ कि मैं आपको अधिक से अधिक सम्भव सुविधाएँ देने का प्रयत्न करूँगा और मैं घर के सामने या पास ही की एक सीट आपके लिए सुरक्षित रखूँगा, आपको जो भी अनुकूल हो.

– स्कूल मास्टर

ज्यों-ज्यों हमारे समझने की परिस्थिति बदलती है, वैसे ही वह सन्देश भी बदलने लगता है जिसे हम प्रेषित करना चाहते हैं.

समझने की ज़रूरत

तत्काल क्या होगा यदि आप जिस कमरे में इस समय हैं उसकी सारी हवा निकाल ली जाए ? इस पुस्तक में आपकी दिलचस्पी का क्या होगा ? वायु एक मौलिक शारीरिक जरूरत है और जब तक वह जरूरत पूरी नहीं होती, आप किसी भी वस्तु में मन नहीं लगा सकते. फिर भी, एक बार आपकी वह हवा की जरूरत पूरी हो जाती है, आपकी रुचि दूसरी वस्तुओं पर जा सकती है. हवा का भावनात्मक और मनोवैज्ञानिक विकल्प क्या है ? वह है आपको समझे जाने की जरूरत. क्यों ? क्योंकि जब आप किसी व्यक्ति को समझते हैं तो आप उसे स्वीकार कर चुके होते हैं. इससे आपकी अनेकों मौलिक जरूरतें पूरी होती हैं. जब आप किसी व्यक्ति को समझने के लिए सुनते हैं तो उस समय कह रहे होते हैं, ''आप महत्वपूर्ण हैं और मुझे आपकी फिक्र है. आप एक सुनने-योग्य व्यक्ति हैं; एक महत्वपूर्ण व्यक्ति; एक व्यक्ति जो मेरे जीवन में सार्थक है.''

लोग अपने सम्भावित पार्टनर में कौन-से गुण पसन्द करते हैं, इस बारे में एक अध्ययन किया गया था. प्रथम अंक समझने की योग्यता को मिला था जिसे महिलाओं ने चाहा था और पुरुषों ने इसे दूसरा स्थान दिया था. यदि आप किसी व्यक्ति के साथ प्रभावशाली ढंग से सम्पर्क बनाना चाहते हैं तो पहले हमें उसे ठीक से समझना होगा. हम किसी को ठीक से कैसे समझ सकते हैं ? उसे सुनकर. ''वह जो किसी बात का जवाब देता है, वह पहले उसे सुनता है. सुनने से पहले ही जो किसी को जवाब देने लगता है, वह गलती कर रहा होता है और उसे धिक्कार है.''[153] आपकी अनेकों समस्याएँ और लोगों के साथ आपके बहुत-से विवाद तत्काल समाप्त हो जाएँगे यदि आप बात सुनने के सरल गुण को समझने लगें. जैसा कि गांधीजी ने एक बार कहा था, ''इस दुनिया की तीन-चौथाई तकलीफें और गलतफहमियाँ दूर हो जाएँगी यदि हम अपने विरोधियों के जूतों में पैर रखें और उनके दृष्टिकोण को समझें.''

12. दल–भावना विकसित करें

नेपोलियन हिल ने सिखाया था, ''इतिहास में कोई साक्ष्य नहीं मिलता कि बिना दूसरों के सहयोग के किसी ने कभी सभ्यता में कोई भी महान् योग दिया हो.''[154] दल की भावना को जगाने के लिए आप में उत्साह होना चाहिए. और उत्साह छूत की तरह फैलता है. ''दूसरों को अपने उत्साह से पीड़ित कर दें और दल–भावना परिणाम स्वरूप स्वयमेव काम करने लगेगी.''[155]

13. लोगों को विश्वास की आँख से देखें

लोगों को उनके व्यवहार से न परखें बल्कि उन्हें उनके सामर्थ्य के अनुसार जानें - इस अर्थ में कि वे क्या बन सकते हैं. इसे गॉएथ इस प्रकार से कहते हैं, ''किसी भी व्यक्ति को यदि उस रूप में जानेंगे, जैसा वह है तो वह वैसा ही बना रहेगा. उसे उस रूप में यदि समझेंगे जैसा वह बन सकता है और उसे बनना चाहिए तो वह वैसा बन जाएगा.''

14. सीखने योग्य बने रहें

यदि हम इस धारणा के साथ काम करेंगे कि हमारे पास सभी प्रश्नों के जवाब या उन्हें समझने की अन्तर्दृष्टि नहीं है तो हम स्वयं को अलग जीवन–दृष्टियों, निर्णयों तथा अनुभवों को समझने में लगा देंगे जो हम तक दूसरे लोग लाएँगे. जब हम दूसरे के पास खुले दिमाग से जाते हैं तो हम सीखने के लिए तैयार होते हैं और हम समझ जाते हैं कि दूसरों को प्रभावित करने की कुंजी यही है कि पहले हम दूसरों से प्रभावित होवें.''[156]

15. प्यार से गले मिलें

''गले से लिपटना स्वास्थ्य–वर्धक होता है. वह हमारी रोग–प्रतिरोधक शक्ति को बढ़ाता है, तनाव को दूर करता है, मानसिक बोझ कम करता है और नींद लाता है. वह अनुप्राणित करता और नवजीवन देता है और उसके कोई भी अनचाहे गलत प्रभाव नहीं होते. गले से चिपकाना किसी दैविक औषधि से कम नहीं होता. गले लगना एक कम उपयोग में आया इलाज का साधन है जिसमें जादुई शक्तियाँ समाई हुईं हैं.''[157]

विशेष गुण 7 : दूरदृष्टि

''यदि हम वे सभी काम कर लें जिन्हें करने में हम समर्थ हैं, तो हम शाब्दिक रूप से स्वयं को विस्मित कर देंगे.''

– थॉमस एडीसन

अध्याय XII

लक्ष्यों को सूचीबद्ध करें

"हम कभी भी इतने वृद्ध नहीं होते कि नया लक्ष्य निर्धारित न कर सकें अथवा नया सपना न देख सकें."

– सी. एस. लॅविस

लक्ष्यों और सपनों में बहुत शक्ति होती है. येल युनिवर्सिटी के स्नातक कक्षा के विद्यार्थियों पर एक खोज की गई थी. उसमें पुराने विद्यार्थियों से एक लम्बी प्रश्नावली पूछी गई थी जो स्वयं उनसे से संबंधित थी, उसमें के तीन प्रश्न लक्ष्यों के बारे में थे. वे थे, "क्या आप लक्ष्य निर्धारित करते हैं ?" "क्या उन्हें आप लिखकर रखते हैं ?" तथा, "क्या आपके पास उन्हें पूरा करने की कोई क्रिया-विधि होती है ?" कक्षा के सिर्फ तीन प्रतिशत विद्यार्थियों ने इनके जवाब में 'हाँ' लिखा था. बीस वर्षों बाद, बात का पता लगाने के लिए एक पुन: खोज की गई थी. वे तीन प्रतिशत विद्यार्थी जिन्होंने लक्ष्यों को लिखने के बारे में 'हाँ' कहा था वे सुखपूर्वक विवाहित, अपने चुने व्यवसायों में अधिक सफल, सुखी पारिवारिक जीवन और अच्छे स्वस्थ्य थे. और इसे भी समझ लें, उस स्नातक कक्षा के शेष सन्तानवे प्रतिशत विद्यार्थियों का जीवन इन तीन प्रतिशत लोगों के द्वारा संचालित किया जा रहा था !"[158] सफल और महान् बनने के लिए हमारे सपने और लक्ष्य होने चाहिए. "सफलता की ओर हमारा प्रयाण एक मौलिक प्रश्न से आरम्भ होता है : 'आप किस ओर जा रहे हैं ?' लक्ष्य की निश्चितता सभी उपलब्धियाँ का आरम्भिक स्थल होता है, और उसकी कमी सौ में से अंठानवे लोगों के लिए लड़खड़ाने का स्थान बन जाता है क्योंकि उन्होंने अपने लक्ष्यों को निर्धारित करके उन्हें पाने का प्रयत्न शुरू नहीं किया है. अपने परिचित हर उस व्यक्ति के बारे में सोचने का विचार करें जिसने स्थायी सफलता पाई है और आपको पता चलेगा कि प्रत्येक का एक निश्चित उद्देश्य था. उस लक्ष्य तक पहुँचने की एक योजना थी और उसे पाने में उन्होंने अपने जीवन का अधिकांश समय और

श्रम तथा विचार लगा दिए थे.''[159]

अनेकों लोग जीवन को उल्टी तरफ से आरम्भ करते हैं. जीवन उन्हें जो देता है, उसे वे ले लेते हैं. बहुत-से व्यक्ति जीवन में बहुत कम प्राप्त कर पाते हैं क्योंकि वे कुछ पाने का निर्णय ही नहीं करते हैं. मार्क विक्टर हॅन्सन लिखते हैं, ''मुझे देखकर दुख होता है कि अनेक लोग अपना जीवन इसलिए बरबाद कर देते हैं क्योंकि उन्होंने अपने निजी लक्ष्यों को लिखकर रखने का ध्यान नहीं रखा था.'' हममें से अधिकांश दूसरों पर और दुनिया पर अपना सार्थक प्रभाव डालना चाहते हैं. जब हम देखते हैं कि यह किसी कारण से नहीं हो रहा है तो हमें शून्यता का अनुभव होने लगता है और आत्म-बल में कमी, निरर्थकता और कई बार तनाव का भी अनुभव होने लगता है.''[160] फुटबॉल प्रशिक्षक लाउ होल्ट्ज़ हमें समझाते हैं, ''यदि आप जीवन से ऊब चुके हैं, यदि आप प्रति दिन सुबह कुछ करने की अदम्य इच्छा लेकर नहीं उठते हैं, तो आपके पास यथेष्ट लक्ष्य नहीं हैं.''

प्रत्येक व्यक्ति कुछ प्रभु-प्रदत्त लक्ष्यों को साथ लेकर पृथ्वी पर पैदा होता है जिन्हें उन्हें करना होता है. हमें धरती पर ईश्वर ने इसलिए जन्म नहीं दिया है कि हम बिलों का भुगतान करें और मर जाएँ. ईश्वर ने हमें यहाँ किसी उद्देश्य को पूरा करने के लिए भेजा है. हमें अपने आदर्श जीवन को खोजना है और बाहर निकलकर उसे पाना है. सपने और लक्ष्य हमें अपना पूर्ण सामर्थ्य पाने को प्रेरित करते हैं. उनका निर्धारण करने से हमें अपने जीवन को खोजने तथा उसके सार्थक आनन्दपूर्ण विस्तार को भोगने में मदद मिलेगी.

अति मूल्यवान लक्ष्य

''हममें से अधिकांश के लिए बड़ा खतरा यह नहीं है कि हमारा लक्ष्य बहुत ऊँचा है और हम उसे पहुँच नहीं पाएँगे, बल्कि यह है कि लक्ष्य बहुत अधिक नीचा है और हम उसे पा लेंगे.''

– मायकॅल एंजेलो

सन् 2000 के अन्त में, मेरा प्रथम व्यावसायिक प्रयत्न असफल हो गया. मुझ पर हजारों डॉलर का व्यापारिक ऋण हो गया. मेरी नई-नई शादी हुई थी और मेरी कोई कमाई भी नहीं थी. मेरी पत्नी प्रति घंटे 10 डॉलर के हिसाब से काम कर

रही थी पर वह मेरे प्रति माह के $1,800 के क़र्ज़ के भुगतान को करने में समर्थ नहीं था. आज मैं उससे परिहास करता हूँ कि उसने मुझसे मेरे पैसों के लिए शादी की थी, मगर सच यही है कि मेरे पास शून्य भी नहीं था, सिर्फ क़र्ज़ का बोझ था. मुझे अपनी सारी व्यावसायिक गति-विधियाँ रोक देनी पड़ी थीं और नौकरी तलाश रहा था. मैंने एक व्यावसायिक स्कूल से ऑनर्स के साथ स्नातक की पदवी ली थी और दर्जनों ऐसे स्थानों पर नौकरी की अर्जी दी थी जो मेरी प्रतिभा, अनुभव और शिक्षा के योग्य थे किन्तु मुझे हर स्थान से अस्वीकृति-पत्र एक के बाद एक, मिलते रहे. यहाँ तक कि मैंने एक कॉल सेंटर को भी $ 6 प्रति घंटे की दर से काम करने की अर्जी भेजी मगर जो हर किसी को काम पर रख लेते हैं, ऐसे लोगों ने भी मुझे अस्वीकृत कर दिया.

अब मैं लोगों से यह कहकर मजाक करता था, "अब मुझे कोई व्यवसाय आरम्भ करना पड़ेगा क्योंकि अब मैं ही हूँ जो स्वयं को काम पर रख सकता है." सन् 2001 में मैंने एक नया व्यवसाय आरम्भ किया जिसका एक लक्ष्य प्रति वर्ष 1 मिलियन डॉलर कमाना था. उस समय वह एक असम्भव लक्ष्य लगा था, मगर मैं जानता था कि लक्ष्य ही आरम्भिक बिन्दु होता है. मैं जानता था कि यदि मैंने कम्पनी का लक्ष्य एक मिलियन डॉलर नहीं रखा तो मैं नहीं जानता था कि उसे कैसे पा सकूँगा. मैंने लक्ष्य के साथ कंपनी आरम्भ की और प्रति दिन कंपनी को लक्ष्य की ओर ले जाने के लिए काम करने लगा. कंपनी विकसित हुई और बढ़ी और अपने दूसरे वर्ष में हमने अपने एक मिलियन प्रति वर्ष के प्रथम वर्ष के लक्ष्य को, व्यापार करके पा लिया. इसके बाद हमने हर महीने एक मिलियन डॉलर की बिक्री का नया लक्ष्य रखा और मैं प्रति दिन इस लक्ष्य के निकट पहुँचने की दृष्टि से काम पर जाने लगा. यह एक और उच्च लक्ष्य था और इसे पाने में पूरे एक वर्ष की कड़ी मेहनत और विकास लगा.

अब एक और नए लक्ष्य-निर्धारण का समय आ गया था. हमने विचार विमर्श किया कि नया लक्ष्य क्या होना चाहिए और सुझाव आया कि हमें प्रति दिन एक मिलियन डॉलर की बिक्री करने का लक्ष्य रखना चाहिए. वह हमें मनोरंजक और चुनौतीपूर्ण लगा अत: हमने प्रति दिन एक मिलियन डॉलर की बिक्री का लक्ष्य रख लिया. लक्ष्य चुनौतीपूर्ण था और अब हमें निश्चित करना था कि उसे कैसे पाया जाए.

प्रति वर्ष एक मिलियन डॉलर्स से आरम्भ करके प्रति माह एक मिलियन डॉलर

करने के लिए हमें बहुत विस्तार और प्रभाव का उपयोग करना पड़ा था तब जाकर हम आज की स्थिति में पहुँचे थे. प्रति दिन एक मिलियन डॉलर बिक्री के स्तर तक पहुँचने के लिए हमें नए मार्ग और आदर्शों का निर्माण करना पड़ेगा क्योंकि इस समय हम जो कर रहे थे उसे बढ़ाकर प्रति दिन एक मिलियन डॉलर की बिक्री तक नहीं पहुँचाया जा सकता था.

सन् 2004 के शीत काल में न्यूयार्क शहर में पहली बार अवसर आया कि हम प्रति दिन की बिक्री को एक मिलियन तक पहुँचा दें. दिन समाप्त हुआ, और हम अपने लक्ष्य के निकट भी नहीं पहुँच सके थे. हमने सिर्फ $1,77,555 की बिक्री की थी. दिन वैसे भी बहुत लाभदायक रहा था और हम सब खुश थे. हमें बहुत कुछ सीखने को मिला था और हमने एक मिलियन डॉलर प्रति दिन की सम्भावना को भी जान लिया था जिसे थोड़े-से परिवर्तन करने से पाया जा सकता था.

अपने लक्ष्य को पाने की अगली सम्भावना लॉस ऐंजॅलस में वसंत ऋतु में दिखी. एक मिलियन डॉलर रोज की बिक्री को पाने के लिए सभी कुछ यथा-स्थान था. मगर क्या उसे पाया जा सकेगा ? दिन आया और बीत गया और हम फिर से अपने लक्ष्य के निकट भी नहीं पहुँच सके, मगर इस बार एक बहुत-बहुत अच्छे तरीके से. हमने लक्ष्य को 1.7 मिलियन से पार कर लिया था, - हमने 2.7 मिलियन डॉलर की बिक्री की थी.

हमारे प्रश्न का आकार, हमारे लक्ष्य और सपनों के आकार से ही हमारे उत्तर का आकार निश्चित होता है. यदि हमने कभी प्रश्न नहीं किया होता कि 'एक ही दिन में एक मिलियन डॉलर की बिक्री कैसे कर सकते हैं ?'' तो हमने इसके उत्तर को कभी नहीं पाया होता. यदि हम कभी प्रश्न ही नहीं करें कि एक मिलियन डॉलर का व्यवसाय कैसे स्थापित किया जा सकता है ?'' ''मैं सर्वश्रेष्ठ बिकी पुस्तक का लेखक कैसे बन सकता हूँ?'' या ''मैं अमुक रकम प्रति वर्ष कैसे कमा सकता हूँ ?'' तो हम इनका उत्तर भी कभी नहीं जान पाएँगे. जिन लक्ष्यों को हम निर्धारित करते हैं उन्हीं से ज्ञात होता है कि हम कैसा जीवन बना रहे हैं.

जब हम किसी घर का निर्माण करते हैं तो क्या वह घर आपके नक्शे के अनुसार बन पाता है ? हाँ, वह बनता है. यदि हम एक 1000 स्क्वेयर फिट के मकान का नक्शा बनाते हैं तो निर्माण समाप्त होने पर उसे 1,000 स्के. फीट का ही

होना चाहिए. मकान बनाने से पहले आपको स्वयं से पूछना चाहिए कि आपको किस प्रकार का घर पसन्द आएगा ? फिर आप मकान की रूप-रेखा बनाएँ, नक्शा बनाएँ, फिर मकान का निर्माण करें. हमें इसी प्रक्रिया को अपने जीवन में भी दोहराना चाहिए. "हमें किस प्रकार का जीवन चाहिए है ? हमें कौन-सी उपलब्धियाँ पाना है ?" एक बार आपने इन प्रश्नों के उत्तर निश्चित कर लिए, फिर आप अपने जीवन की एक रूपरेखा बनाएँ और उस नक्शे के अनुसार चलकर मनचाहा जीवन पाएँ और जिएँ.

वॉल्ट डिज़नी - एक स्वप्नदृष्टा नेता

"मेरे जीवन के सबसे सजीव कार्यों में वे काम आते हैं जिनमें मैंने मेरे लिए कार्य करनेवालों की बुद्धिमानी के कामों को समायोजित - कोऑर्डिनेट - करके एक निश्चित् ध्येय की ओर मोड़कर, एक दिशा दी थी."

- वॉल्ट डिज़नी

वॉल्ट डिज़नी का जन्म शिकागो में सन् 1901 में हुआ था. अपनी युवावस्था में वे चित्र बनाने और चलचित्रों के प्यार में पड़ गए. सन् 1920 में, 18 वर्ष की उम्र में उन्होंने यूबी आइवर्क्स के साथ मिलकर आइवर्क्स-डिज़नी कमर्शियल आर्टिस्ट्स की स्थापना की. कम्पनी शीघ्र ही असफल हो गई और डिज़नी और आइवर्क्स दोनों ही कॅन्सास सिटी स्लाइड कम्पनी में चित्रकार के रूप में कार्य करने लगे जहाँ उन्होंने एनीमेशन - सजीव चित्रण - की मूल बातें सीखीं. उस कंपनी में अपनी नौकरी को बनाए रखकर उन्होंने रातों में छोटी-छोटी एनीमेशन फिल्में बनाना आरम्भ किया. सन् 1922 में वॉल्ट ने लाफ-ओ-ग्राम फिल्म्स, इंक. $15,000 सन् 2009 के अनुसार, 1,92,000 डॉलर के करीब, निवेशकों से लेकर कम्पनी आरम्भ की और उसके अन्तर्गत अनेकों लघु कार्टून फिल्में बनाईं जिनमें *लिटिल रेड राइडिंग हुड*, *पूसी इन बूट्स* तथा *सिंड्रेला* आती हैं, मगर वे आर्थिक संकट में फँस गए. इस अवधि में उनके पास किराया देने के लिए पैसे नहीं थे और उन्हें ऑफिस में कॅनवास के रोल्स तथा कुर्सियों की गादियों पर सोना पड़ता था... वे डिब्बे के ठंडे बीन्स को खाकर जीते रहे - रेल्वे के यूनियन स्टेशन पर सप्ताह में एक बार स्नान करते."[161] सन् 1923 में कंपनी ने दिवाला निकाल दिया और डिज़नी ने केन्सास शहर को छोड़कर

हॉलीवुड जाने का निश्चय किया. ऐंजेलस जाने की टिकिट के पैसे कमाने के लिए वे दो सप्ताह अमीरों के घरों के चक्कर काटकर उनके बच्चों के चलचित्र बनाने का प्रस्ताव करते. लॉस ऐंजेलस के मार्ग में उनके एक सहयात्री ने उनसे पूछा कि वे कहाँ जा रहे हैं और उन्होंने उत्तर दिया, "मैं हॉलीवुड के महान् चलचित्रों का निर्देशन करने जा रहा हूँ."[162] उनके साथ हमेशा एक स्वप्न होता था.

लॉस ऐंजेलस पहुँचकर वॉल्ट अपने चाचा रॉबर्ट के साथ रहने लगे और निर्देशन के लिए काम ढूँढ़ने हॉलीवुड के स्टूडियों के चक्कर काटने लगे. उन्होंने शहर के हर स्टूडियो में काम के लिए आवेदन दिया मगर वे असफल रहे. नौकरी की सम्भावना के बिना, वॉल्ट अब 22 वर्ष के हो गए थे. उन्होंने अपने चाचा रॉबर्ट और अन्य मित्रों से ऋण माँगा ताकि वे स्वयं का स्टूडियो अपने भाई रॉय के साथ खोल सकें जिसे वे डिज़नी ब्रदर्स स्टूडियो कहते थे. स्टूडियो को एक अनुबन्ध मिला जिसके अनुसार उन्हें कार्टून चित्रों की एक श्रंखला एलिस कॅामेडीज़ बनानी थी जिसमें एक जीवित लड़की एलिस की साहस-कथा चित्रित की गई थी. उसमें वह अपनी बिल्ली जूलियस के साथ जीवन्त चित्रों के संसार में जाती है. यह सीरीज़ सफल रही और इसके अन्तर्गत उन्होंने दर्जनों छोटे-छोटे कार्टून चल-चित्र बनाए. सन् 1926 में वाल्ट और रॉय ने कंपनी का नाम बदलकर वाल्ट डिज़िनीज़ स्टूडियोज़ रख दिया. रॉय नाम परिवर्तन के बारे में कहते हैं, "वह मेरा सुझाव था. वॉल्ट उस सर्जनात्मक दल का प्रमुख सदस्य था. चलचित्रों पर उसका नाम होना चाहिए था."[163]

सन् 1926 से 1933 तक वॉल्ट डिज़नी स्टूडियो ने अनेकों सफल कृतियों का निर्माण किया जिसमें ओसवाल्ड द लकी रॅबिट, मिकी माउस और थ्री लिटिल पिग्ज़ भी आते हैं. "कई बार सन् 1933 के मध्य में, जब वे थ्री लिटिल पिग्ज़ की महान् सफलता का आनन्द भोग रहे थे, वाल्ट ने निश्चित किया कि उन्हें स्टूडियो के नए स्वरूप की परिकल्पना करनी चाहिए – कुछ ऐसी जो महान् भी हो और अत्यन्त नाटकीय भी."[164] वॉल्ट ने कहा था, "यदि हमें उल्लेखनीय स्थल तक पहुँचना है, तो हमें तात्कालिक विषयों से हटकर आगे की ओर चलना पड़ेगा. मैं जानता था कि यदि मैं इस चित्रण को भेदकर आगे निकल जाऊँगा तो अवश्य कोई नया सृजन कर सकूँगा... जब भी कभी वॉल्ट लम्बे समय का सजीव रूपक-चित्र बनाने की बात करते, लोगों की प्रतिक्रिया होती, "कार्टून-चित्र सात मिनिटों के लिए आनन्दप्रद

होता है, मगर कोई भी व्यक्ति कार्टून को देखने के लिए नब्बे मिनिट नहीं बैठेगा.'' वॉल्ट भी सोच में पड़ गए : दर्शकों को नाटकीयता, एक्शन और हँसी से भरा हुआ दीर्घ चलचित्र क्यों पसन्द नहीं आता है ?''[165] वॉल्ट डिज़नी ने चलचित्र उद्योग में एक ऐसा कार्य करने का निश्चय किया जिसे आज तक किसी ने नहीं किया था : एक सफल, पूरी लम्बाई का जीवन्त चलचित्र का निर्माण.''[166]

सन् 1934 की एक रात्रि को वाल्ट ने अपने 40 सर्वश्रेष्ठ जीवन्त चित्र-कला के चित्रकारों को एकत्र करके स्नो ह्वाइट तथा सात बौनों की कहानी सुनाई और प्रत्येक चरित्र की आवाज़ और एक्शंस को अभिनय करके बताया. अपने प्रदर्शन के अन्त में वे बोले, ''यह हमारा प्रथम, लम्बी अवधि का चलचित्र बनेगा.''[167]

रॉय जो कम्पनी के आर्थिक पक्ष को देखते थे उन्होंने अन्दाज़ लगाकर बताया कि *स्नो ह्वाइट* को बनाने की लागत करीब $ 5,000,000 - आज के, 7 मिलियन डॉलर के लगभग आएगी. जब फिल्म-उद्योग के लोगों को ज्ञात हुआ कि वॉल्ट एक जीवन्त, लम्बी अवधि की कार्टून फिल्म बना रहे हैं तो उन्होंने घोषणा कर दी कि यह वॉल्ट डिज़नी स्टूडियो का अन्त है और उन्होंने बातें करके डिज़नी के इस पराक्रम को ''डिज़नी की महान् मूर्खता'' कहा. वॉल्ट की पत्नी लिलि और भाई रॉय ने भी उन्हें 'अपने सपने से बाहर आने को' कहा, मगर जब उन्होंने देखा कि वे तो पूरी तरह से उसके प्रति समर्पित हैं तो उन्होंने भी प्रयत्न करना छोड़ दिया. एक बार वॉल्ट ने यदि कोई निश्चय कर लिया तो उन्हें उससे विचलित करना असम्भव हो जाता था.''[168] अपने पूरे इतिहास में, द वॉल्ट डिज़नी कम्पनी ने हमेशा बड़े-बड़े - और अक्सर खतरनाक - साहसपूर्ण निर्णयों और योजनाओं को लेकर विकास किया था.''[169]

वॉल्ट डिज़नी स्टूडियो ने उस 3 वर्षीय $ 1.5 मिलियन की योजना - आज के भाव के अनुसार 21 मिलियन डॉलर की योजना पर काम करना आरम्भ कर दिया. वॉल्ट ने अनेकों घंटे उस सँकरे प्रक्षेपण-कक्ष - प्रोजेक्शन रूम में व्यतीत किए जो सीढ़ियों के नीचे बना था. ''उस कमरे का नामकरण लोगों ने 'स्वेट बॉक्स' किया था क्योंकि वॉल्ट के शब्दों में वह एयरकंडीशंड नहीं था और वह बहुत गर्म था, फिर भी जीवन्त चित्रांकन के कलाकारों को वहाँ जाकर मेरे साथ पसीना बहाना पड़ता था.''[170]

स्नो ह्वाइट के प्रदर्शन की तारीख से महीनों पहले ही वॉल्ट और रॉय के पैसे समाप्त हो गए. *स्नो ह्वाइट* में एक मिलियन डॉलर्स से अधिक लग चुके थे और आधे

मिलियन की जरूरत अब भी थी ताकि योजना पूरी हो सके. खर्च के इस लेबल ने पहले ही उसे सबसे मँहगी बनी एक्शन फिल्म बना दिया था.

कलाकारों को लगता कि वे किसी खास चित्र के लिए काम कर रहे हैं अत: वे स्वेच्छा से अपनी शामें और सप्ताहान्त दान कर रहे थे ताकि योजना पूरी हो सके. इस बीच, वॉल्ट ने जो भी बताने लायक था, उसे गूँथकर तैयार किया ताकि बेंक ऑफ अमेरिका के स्टूडियो को लोन देने के विभाग के मुख्य अधिकारी, जो रोजनबर्ग को दिखाकर $ 500,000 के लोन लिया जा सके, जो सन् 2009 के मूल्य के अनुसार 7 मिलियन डॉलर के करीब का होता, और चलचित्र पूरा हो सके.

''वॉल्ट ने प्रोडक्शन के अन्तिम कुछ सप्ताह निष्ठुर होकर एडीटिंग में काट-छाँट में बिताए ताकि फिल्म यथा संभव सुगठित और तेज गति की बन जाए. समाप्त होने तक उसमें 750 जीवनदायी कलाकार - एनीमेशन आर्टिस्ट काम कर चुके थे. अंदाजन दो मिलियन ड्राइंग बन चुकी थीं जिनमें की सिर्फ 2,50,000 चित्रों का फिल्म में उपयोग हुआ था.''[171]

स्नो ह्वाइट एंड द सेवन ड्वार्फ़ज़ का प्रीमियर लॉस एंजेलस के 1,500 लोगों की क्षमतावाले कार्थे सर्कल थिएटर में 21 दिसम्बर, 1937 के दिन हुआ था. सात बौने अपनी पूरी रूप-सज्जा और पोशाक में मेहमानों का स्वागत करने के लिए उपस्थित थे, जिनमें हॉलीवुड के दर्जनों बड़े-बड़े अभिनेता थे जो अपनी लम्बी-चौड़ी लिमोज़िस में आए थे. थिएटर के चारों ओर बौनों के फुलसाइज़ के रहने के कुटीर बने थे, एक पनचक्की बहते पानी से चल रही थी और एक जंगल का दृश्य बना था. सर्च लाइटों से आसमान भरा हुआ था और चलचित्र के गानों की धुनें ऑर्केस्ट्रा पर बज रही थीं. 83 मिनिटों के लिए दर्शक एक नई दुनिया में ले जाए गए. समस्त चित्रपट के बीच दर्शक बार-बार तालियाँ बजाते और समाप्ति पर वॉल्ट का दर्शकों ने खड़े होकर तालियों के द्वारा अभूतपूर्व स्वागत किया.

प्राथमिक प्रस्तुति के समय *स्नो ह्वाइट* ने 8.5 मिलियन डॉलर्स कमाए - सन् 2009 के आँकड़ों के अनुसार $ 126 मिलियन. इससे डिज़नी स्टूडियो ने अपने विशाल कर्ज को चुकाया और $ 3.8 मिलियन - आज के अनुसार 58 मिलियन में एक नया स्टूडियो बरबेंक में बनाया जो आज भी डिज़नी के एनीमेशन - जीवन्त चित्रण गति-विधियों का केन्द्र है.

स्नो ह्वाइट ''डिज़नी की महा-मूर्खता'' से चलकर ''हर युग, हर समय की सर्वाधिक कमाईवाली फिल्म'' के आसन पर आकर विराज गई और 36 वर्ष की उम्र में वॉल्ट डिज़नी ने एक नया इतिहास रच दिया. सन् 1937 के बाद से आज तक वह फिल्म सैकड़ों बार पुन: प्रदर्शित की गई है और अब तक $ 782 मिलियन कमा चुकी है.[172]

आजीवन, वॉल्ट के चरित्र की अनेकों बार कड़ी परीक्षा हुई, जब-जब वे मुश्किलों में से बचकर निकले. उनके निर्णयों की फिर से कड़ी परीक्षा होनेवाली थी, जब उनके सपनों के संसार डिज़नी पार्क डिज़नी लेंड का निर्माण हो रहा था. वॉल्ट

''पृथ्वी का सबसे सुखी स्थान'' का निर्माण करना चाहते थे. उनकी आस्था थी कि लोगों के विचारों को ''सुखमय वस्तुओं'' से भरने से वे उन्हें पंख दे सकते हैं - पंख, पनपने के लिए, अविश्वसनीय उँचाइयों को पाने के लिए.... वॉल्ट ने डिज़नी लेंड आनेवाले लोगों को कल्पना-शक्ति दी कि वे वहाँ सुख को तलाशें और पा लें और फिर, बाहर के विस्तृत क्षेत्र में सुख को, संसार भर में फैलाएँ.''[173]

एक बार फिर से उनकी दूरदृष्टि अपने हॉलीवुड के साथियों की व्यापार बुद्धि से आगे निकल गई. उन्हें अपने प्रोजेक्ट को पूरा करने के लिए साथी नहीं मिले जो 5 मिलियन डॉलर - आज के अनुसार 40 मिलियन डॉलर के खर्च में सहयोग दे सकते, और जिसमें अन्त में 17 मिलियन डॉलर लगे - आज के आँकड़ों के अनुसार 136 मिलियन डॉलर खर्च आया.''[174] चूँकि वॉल्ट को अपने भाई रॉय तथा वॉल्ट डिज़नी स्टूडियो के अधिकांश शेयर होल्डरों का समर्थन नहीं मिला, उन्होंने एक नई कम्पनी वॉल्ट डिजनी इं. की स्थापना की जिसके अन्तर्गत डिज़नी लेंड बनाया गया. वॉल्ट ने अपने जीवन भर की कमाई उसमें लगा दी और अपनी सारी सम्पत्तियों को बेचकर तथा गिरवी रखकर डिज़नी लेंड का निर्माण आरम्भ किया. सन् 1954 में वॉल्ट ने एनेहॅम सीए में, 160 एकड़ में उगे संतरे के पेड़ खरीदे जो 800,000 - सन् 2009 के अनुसार $ 6.4 मिलियन में आए जो भविष्य में निर्मित होनेवाले डिज़नी लेंड का स्थान बना.[175]

65 वर्षों से जो वॉल्ट डिज़नी कंपनी में कर्मचारी हैं, ऐसे जॉहन हेंच ने कहा था, ''जब हम डिज़नी लेंड की स्थापना के बारे में योजनाएँ बना रहे थे, एम्यूज़मेंट पार्क के प्रत्येक ऑपरेटर ने कह दिया था कि वे असफल हो जाएँगे और वॉल्ट इन मीटिंगों में से बहुत प्रसन्न होकर बाहर निकलते थे, बजाय यदि वे पक्ष में सार्थक बातें बोलते'... उन्होंने 12 जुलाई, 1954 को निर्माण आरम्भ किया, मतलब अब उन्हें वॉल्ट द्वारा स्वयं-निर्धारित तिथि, एक वर्ष के भीतर, सारा निर्माण पूरा करना था... उन्होंने एक पुराने रेंच हाउस में, साइट पर स्वयं को रखा जिसमें स्टाफ के पास एक रसोई-घर, भोजनालय और बाथरूम-शौचालय भी थे... जब कि वॉल्ट का ऑफिस एक बेडरूम में था. उसमें एक ही स्नान-घर की सुविधा थी.''[176] वॉल्ट लगातार डिज़नी लेंड के निर्माण-स्थल के एक-एक इंच जगह पर जाते और कर्मचारियों को निर्देश देते रहते. मनोरंजन-स्थल का उद्घाटन 17 जुलाई, 1955 को हुआ जिसमें

1,70,000 दर्शक प्रथम सप्ताह में आए और प्रथम दो महीनों में एक मिलियन से अधिक दर्शकों ने मनोरंजन पार्क का आनन्द उठाया.

एबीसी नेटवर्क ने डिज़्नीलेंड के 34.5 प्रतिशत हिस्से को $ 5,00,000 में - आज के हिसाब से $ 54 मिलियन में खरीदा था. डिज़्नी ने उस एबीसी के शेयर को $ 7.50 मिलियन में - 2009 के अनुसार $ 54 मिलियन में पुन: खरीद लिया. एक बार फिर से वॉल्ट अपने सपने को - शंकाओं और रुकावटों के बावजूद, असफलता के भय से घिरे रहकर भी पूरा करने में सफल हुए.

2 नवम्बर, 1966 में डिज़्नी के फेफड़े में एक बड़ा फोड़ा पाया गया. डॉक्टरों ने उन्हें बताया कि अब उनके पास जीने के लिए 6 से 12 महीनों का समय शेष बचा है. डिज़्नी ने अपने अन्तिम दिन अस्पतालों के बिस्तरों में बिताए और सोचते रहते थे कि वे फ्लोरिडा में डिज़्नी वर्ल्ड को कैसे श्रेष्ठ रूप से विकसित कर सकते हैं. वे अपने 65 वें जन्म-दिन के 10 दिन बाद, 15 दिसंबर 1966 को परलोक सिधारे. डिज़्नी तो चले गए, मगर उनकी ''लोगों को आनन्दित करने की कला, बच्चों को सुख देने की इच्छा और हँसी और आँसू पैदा करने का जादू कभी समाप्त नहीं होगा.''[177] दुनिया भर के लोग वॉल्ट डिज़्नी की दूरदृष्टि की धरोहर का लगातार लाभ उठा रहे हैं. सन् 1955 में उसके उद्घाटन के बाद से 500 मिलियन लोग डिज़्नी लेंड का भ्रमण कर चुके हैं और करोड़ों लोग उनके चलचित्रों को देखकर आनन्द उठाते हैं.

वॉल्ट के सबसे बड़े पौत्र क्रिस मिलर ने वॉल्ट के बारे में कहा था, ''मेरे दादा के सपने और लक्ष्य बहुत बड़े-बड़े थे... वे उन्हें तब तक सँभाले रखते जब तक पा नहीं लेते थे... उनका जीवन हम सबों को अपने सपनों में विश्वास करना सिखाता है, अपने लक्ष्यों को पीछा करके पाने की हिम्मत देता है और किसी भी चुनौती से न भागने का बल देता है. वॉल्ट डिज़्नी हृदय से साहसिक थे और उनका बिताया जीवन हम सबों के लिए एक आदर्श है.''[178]

वॉल्ट डिज़्नी हम सबों को यह पूछने को प्रेरित करते हैं कि मेरे बड़े लक्ष्य और सपने कौन-से हैं ? मेरी कौन-सी उपलब्धि मेरे लिए *स्नो ह्वाइट* बनने वाली है, मेरा डिज़्नी लेंड? मैं सृष्टि को सुन्दर और अच्छा स्थान बनाने के लिए क्या कर सकता हूँ ?''

अपने लक्ष्यों को जानने के लिए कुछ प्रश्न

"यदि आप आनन्द पाना चाहते हैं तो एक ऐसा लक्ष्य निर्धारित करें जो आपके विचारों को वश में करे, ऊर्जा को विस्तारित करे और आशाओं को जगाए."

– एंड्रयू कार्नेगी

कार्य जिन्हें मैं करना चाहूँगा ?

आज

____

____

इस सप्ताह

____

____

इस महीने

____

____

इस साल

____

____

अगले 5 वर्षों में

____

____

अगले 10 वर्षों में

____

____

अगले 20 वर्षों में

अपनी मृत्यु से पहले

यदि मेरे पास जीने को 1 वर्ष बचे, तो क्या करूँगा ?

मेरे परिवार, जाति, राष्ट्र और विश्व की कौन-सी समस्या मुझे विचलित करती है ? उसके निवारण में सहायता के लिए मैं क्या कर सकता हूँ ?

मैं स्वयं को चैतन्य और आध्यात्मिक, सामाजिक, बौद्धिक एवं शारीरिक रूप से पुनर्जीवित करने के लिए कौन-सी पुस्तकें पढ़ना चाहूँगा ?

अपने अन्तिम संस्कार के समय मैं किन शब्दों में सम्बोधित किया जाना पसन्द करूँगा ?

उन 3 व्यक्तियों के नाम लिखें जिन्हें आप सबसे अधिक सम्मान देते हैं. उनके 4 विशेष गुणों के बारे में लिखें .

व्यक्ति 1. ____________________

विशेष गुण I. __________ II. __________

III. __________ IV. __________

व्यक्ति 2. ____________________

विशेष गुण I. __________ II. __________

III. __________ IV. __________

व्यक्ति 3. ____________________

विशेष गुण I. __________ II. __________

III. __________ IV. __________

मैं कौन-से विशेष गुण स्वयं में चाहता हूँ और उनका प्रदर्शन करना चाहता हूँ ? (जैसे, उदारता, नम्रता, मितव्ययिता, उत्तरदायित्व सँभालने की इच्छा, परिश्रम, ईमानदारी, सद्‌गुण, आदि.)

____

____

____

मेरी क्या कामना है कि लोग मुझे किस रूप में स्मरण करें ?

____

____

____

____

अपने आदर्श जीवन का वर्णन करें. विशेष बातों के बारे में बताएँ. मैं क्या करना चाहूँगा ? मैं क्या पाना चाहूँगा ?

____

____

____

____

अध्याय XIII

सजीव कल्पना एवं विश्व का तीव्रतम व्यक्ति

''आदमी यथार्थ में जो चाहता है वह बिना चिन्ताओं की स्थिति नहीं है, बल्कि वह किसी सार्थक लक्ष्य के लिए निरन्तर प्रयत्न और संघर्ष करना है.''

– विक्टर इ. फ्रेंकल लेखक, *मॅन्स सर्च फॉर मीनिंग*

सन् 1974 में टॅनेसी में एक दौड़ हुई थी जिसमें उस समय के सर्वश्रेष्ठ धावकों ने हिस्सा लिया था. प्रतियोगियों की कुशलता को देखते हुए हर कोई आशा कर रहा था कि कुछ नए विश्व रेकार्ड 100 मीटर दौड़ में स्थापित होंगे. धावकों में एक आयवरी क्रॉकेट भी थे. रेस से पहले टीवी कॅमरों ने आयवरी क्रॉकेट को एक कागज पर कुछ लिखकर, तह करके अपने जूतों में रखते हुए फिल्माया था. भीड़ में एक ध्वनि गूँज उठी और सभी जानना चाहते थे कि उन्होंने कागज पर क्या लिखकर जूतों में रखा है.

स्टार्टर ने कहा, ''धावक अपने-अपने स्थान ग्रहण करें और दौड़ने को तैयार रहें.'' और उसने दौड़ आरम्भ करने की गोली दागी. आयवरी क्रॉकेट नत मस्तक हो आगे बढ़े, उनके पाँव अन्तर काट रहे थे. उनका आरम्भ बिल्कुल सही था और वे एक सर्वांग श्रेष्ठ दौड़ भागे. वे औरों से आगे रहे और समाप्ति-लाइन पर सबसे पहले पहुँचे. दौड़ इतनी शीघ्रता से खत्म हो गई थी कि सभी जानने को उत्सुक थे कि उसमें कितना समय लगा. क्या आयवरी क्रॉकेट ने एक नया विश्व रेकॉर्ड स्थापित किया था ? उनका ऑफीशियल समय 9 सेकेंड रहा था- एक नया विश्व प्रतिमान. विश्व के इतिहास में, 100 मीटर दौड़ में, आयवरी क्रॉकेट ने शीघ्रतम समय 100 मीटर की दौड़ पूरी की थी. भीड़ उन्मत्त हो गई थी, संवाददाता आयवरी की ओर दौड़

पड़े थे उनके नए विश्व रेकॉर्ड के अवसर पर उनका अभिनन्दन करने के लिए. अब वे ''विश्व के तीव्रतम व्यक्ति'' थे. सभी लोग एक प्रश्न का उत्तर जानना चाहते थे, उनके जूते में क्या है ? आयवरी क्रॉकेट बैठे, ट्रेक के जूते के लेस खोले और जूते को कुछ नीचा करके कागज़ का टुकड़ा निकाला. उन्होंने उसे कॅमेरे के सामने करते हुए खोला. उसमें सिर्फ इतना ही लिखा था; ''9.0'' द *लॉस एंजेलस टाइम्स* ने उस घटना का वर्णन इस प्रकार के हैडिंग से किया था ''अमरत्व सिर्फ 9 ही सेकेंड में.'' क्रॉकेट ने इस विश्व रेकॉर्ड को स्थापित करने के बारे में कहा था, ''वह सचमुच एक बहुत अच्छी अनुभूति थी जो उस काम को करके मिली थी जिसे अब तक किसी और ने नहीं किया था और मैं उन एथलॅट्स के बीच पहुँच गया था जैसे बॉब हेज़ – 11 वर्ष तक विश्व रेकॉर्ड होल्डर 9.1 सेकेंड, जिसे मैंने आजीवन आदर दिया था.''

अपने लक्ष्यों को प्रति दिन पढ़ें

अपने लिखित लक्ष्यों का प्रति दिन मूल्यांकन करें. अपने प्रमुख लक्ष्यों को मुख्य स्थानों पर रखें जैसे बाथरूम के आइने पर, रॅफ्रिजरेटर पर, बिस्तर के सिरहाने के सहारे पर या कार के डॅशबोर्ड पर. मेरे प्रमुख लक्ष्यों में से एक था अपनी एक नॉन–फिक्शन पुस्तक को '1 सर्वश्रेष्ठ बिक्री पुस्तक का दर्जा दिलाना. इस लक्ष्य को प्रति दिन दुहराते रहने के लिए मैंने एक बेस्ट–सॅलर की लिस्ट ली और उसके शीर्ष पर अपनी पुस्तक का नाम चिपका दिया. फिर उसे अपने ऑफिस के दरवाजे के पास के बिजली के स्विच बोर्ड के ऊपर लगा दिया. इस प्रकार से जितनी भी बार मैं बाहर जाता या भीतर आता, उस सूची को देखता. अपने विचारों की श्रृंखला में अपने लक्ष्य को सबसे ऊपर रखने से उन्हें पाने के अवसर बढ़ जाते हैं.

लक्ष्यों को पाने के लिए भी मानस–कल्पनाएँ बहुत उपयोगी होती हैं. जैसे, आपका लक्ष्य किसी परीक्षा मैं ''ए'' ग्रेड पाना है. इस लक्ष्य से संबंधित कोई भी कल्पना आपकी क्रियाशीलता को प्रभावित कर सकती है. हममें से अनेकों निराशापूर्ण बातें सोचते हैं, ''इस जानकारी को तो मैं भूल जाऊँगा'' या ''परीक्षा में मैं ठीक से नहीं लिख पाऊँगा.'' इसके बदले सकारात्मक कल्पनाएँ करें, कहें और ये बोलें ''इस सूचना को मैं याद रखूँगा,'' और ''मैं परीक्षा में अच्छा करूँगा.''

कल्पना–चित्र हमारी कार्य–कुशलता को गहराई तक प्रभावित करते हैं,

सकारात्मक रूप से अथवा निराशापूर्ण ढंग से भी. जैसे, सन् 1950 में मानस-कल्पनाओं - विज़ुअलाइज़ेशन पर एक अध्ययन किया गया था. इसमें 90 कॉलेजियन थे जिन्हें बास्केट बॉल खेल का कोई भी पुराना अनुभव नहीं था. इन्हें 30-30 के तीन दलों में बाँटा गया था. हर दल को फ्री थ्रोज़ मारने को कहा गया. परिणाम को लिखा गया. अगले महीने, प्रथम दल के विद्यार्थी बाहर जाकर फ्री थ्रोज़ की प्रेक्टिस रोज करने लगे. दूसरे दल को प्रति दिन फ्री थ्रोज़ को फेंकने की कल्पना करने को कहा गया, मगर उन्हें बॉस्केट बॉल के पास नहीं जाने दिया. महीने भर बाद फिर से उनका परीक्षण किया गया. तीसरा दल नियामक दल था और उसे कुछ भी नहीं करना था. एक महीने बाद फिर से उनका परीक्षण हुआ. पहले दल ने अपेक्षा के अनुसार सुधार किया था. उनकी शूटिंग में 20 प्रतिशत लक्ष्य-वेधता बढ़ गई थी. तीसरे दल ने भी अपेक्षा के अनुसार ही बहुत कम या तनिक भी सुधार नहीं किया था. वे सिर्फ शूटिंग में 1 प्रतिशत सुधरे थे. सबसे आश्चर्यजनक परिवर्तन दूसरे समूह में आया था जिन्होंने सिर्फ अपने मस्तिष्क में प्रेक्टिस की थी... उनकी लक्ष्य-वेधता 19 प्रतिशत सुधर गई थी.''[179]

कुछ वर्षों पहले मै लक्ष्यों की धारणाओं और उनके विचार-चित्रों के बारे में एक स्कूल में पढ़ा रहा था जब एक लड़की ने हाथ उठाकर कहा, ''लक्ष्य व्यवसायों के लिए किस प्रकार से कार्य करते हैं, आप इसे सिखा रहे हैं. मगर मैं किसी के साथ घूमने जाना चाहती हूँ. क्या यह उसके लिए भी काम करेगा ?''

मैंने उत्तर दिया, ''यदि यही तुम्हारा ध्येय है तो उसे लिख लो. क्या तुम जानती हो कि तुम किसके साथ जाना चाहती हो ?'' उसने 'हाँ' कहा. फिर मैंने निर्देश दिया, ''क्या तुम उसका चित्र पा सकती हो ?'' इस पर सभी दर्शक हँसने लगे. उसने 'हाँ' कहा.

मैंने उससे कहा कि वह उस चित्र को अपने बाथरूम के आइने पर लगा दे और देखे, क्या होता है. फिर मैं अपने व्याख्यान में व्यस्त हो गया और उस बारे में और कुछ नहीं सोचा. महीने भर बाद एक पत्र आया जो इस प्रकार से था :

मि. टेलर,

आपने मेरे स्कूल में मार्च में जो सेमिनार किया था उसके लिए धन्यवाद. उसने मुझे यथार्थ में अनेकों प्रकार से अनुप्राणित किया है. आपका आभार. मैंने आपके मार्ग-दर्शन को मान लिया था ताकि मैं घूमने जाने के अपने लक्ष्य को पा सकूँ. मैंने माइक का चित्र पा लिया, जिसके कहने पर, जिसके साथ मैं बाहर जाना चाहती थी. उसे मैंने अपने बाथरूम के आइने पर लगा लिया था, जब कि उसने मुझसे कहा था कि वह मेरे साथ बाहर जाने का कोई इरादा नहीं रखता. एक सप्ताह के भीतर ही, जैसा आपने कहा था, मेरे दरवाज़े की घंटी बजी और माइक के साथ बाहर घूमने जाने का आमंत्रण वह साथ लाई थी. हमारा समय बहुत आनन्द से बीता !

पुनः धन्यवाद,
कॅटी रॉजरसन
''घुमक्कड़ लड़की''

संसार के सबसे शक्तिशाली ऊर्जा स्रोतों में आते हैं उन स्त्री-पुरुषों की संकल्प शक्ति जिनका स्वयं में विश्वास है, जो उच्च महत्वाकांक्षा रखते हैं और जिनका लक्ष्य भी ऊँचा है और जो जीवन की उपलब्धियों को पाने के लिए आत्म-विश्वासपूर्वक बढ़ते हैं.''[180] लक्ष्यों और सपनों में बहुत शक्ति छिपी होती है.

अपने लक्ष्यों को पाने के लिए कार्यक्रम बनाएँ

अपने एक नियमित कार्यक्रम के दौरान जिसे मैं अक्सर करता हूँ, अपने हाथ में 20 डॉलर के नोट को लेकर मैंने दर्शकों से पूछा, ''यह 20 डॉलर का नोट किसे चाहिए ?'' निश्चय ही हॉल के तमाम हाथ ऊपर उठ गए. मैंने फिर से पूछा, ''यह बीस डॉलर का नोट किसे चाहिए ?'' हाथ कुछ और ऊपर की ओर उठे और कुछ लोग तो खड़े हो गए. मैं तब तक प्रश्न पूछता रहा जब तक कि कोई आकर मेरे हाथ से वह 20 डॉलर का नोट ले नहीं गया. मैंने फिर प्रश्न पूछा, ''सबों को वह 20 डॉलर का नोट चाहिए था, मगर वह मिला किसे ?'' इस पर उन्होंने जवाब दिया,

''उसे जिसने क्रिया की.'' यही बात लक्ष्यों के लिए भी सच है. आप अपने मनचाहे उद्देश्यों और कल्पना-चित्रों को चाहे जितनी बार लिख सकते हैं. मगर यदि आप क्रिया या गति-विधि नहीं करेंगे तो आपके लक्ष्य सच नहीं हो पाएँगे. उस लक्ष्य को पाने के लिए जो आपने पहले कभी नहीं पाया है, आपको वे काम करने पड़ेंगे जो आपने पहले कभी नहीं किए हैं.

विशेष गुण 8 : दृढ़ता

"हर विपत्ति, प्रत्येक विफलता और हर हृदयाघात अपने भीतर उसी के समान या उससे भी बढ़कर लाभ के बीजों को छिपाए रखता है."

– नेपोलियन हिल

अध्याय XIV

सफलता एक प्रक्रिया है

''अन्य सभी, रातभर में पा लेनेवाली सफलताओं की भाँति, इसके निर्माण में लगभग बीस वर्ष लगे थे.''

– सॅम वाल्टन, संस्थापक वॉल-मार्ट

अनेकों की यह धारणा होती है कि महान् व्यक्तियों ने जो सफलताएँ पाईं हैं वे सौभाग्यशाली होने के कारण पाईं हैं. जब आप अमीरों की गाथाएँ पढ़ेंगे तो आपको ज्ञात होगा कि अधिकांश धनवानों ने सौभाग्य अथवा अकस्मात् के कारण धन नहीं पाया था. मेरे एक व्यावसायिक सहकर्मी जो प्रति वर्ष 1 मिलियन डॉलर से अधिक कमाते हैं, उनके पास कोई गया था उसने कहा, ''आप कितने भाग्यशाली हैं !'' मेरे पार्टनर ने हँसकर जवाब दिया, ''मैं जानता हूँ और जितना अधिक परिश्रम मैं करता हूँ, उतना अधिक भाग्यशाली मैं बनता जाता हूँ.'' थॉमस एडीसन ने कहा था, ''मैंने करने लायक कोई भी काम अचानक नहीं किया, और न मेरा कोई भी अनुसंधान अनजाने में हुआ था; वे परिश्रम से हुए थे.'' ''कोई भी व्यक्ति किसी भी उपलब्धि को बिना मूल्य दिए नहीं पा सकता है, और मूल्य होता है कड़ी मेहनत, समर्पण-भावना, लगाव और वर्षों का श्रम और त्याग. वह कभी भी सौभाग्यवश आपकी गोद में आकर नहीं गिरता है.''[181] सफलता का कोई रहस्य नहीं होता अत: उसे खोजने में व्यर्थ में समय न गँवाएँ. सफलता योग्य निर्माण, कड़ा परिश्रम, विफलता से सीखे ज्ञान, अपने मालिकों के प्रति निष्ठा और दृढ़ता का फल होती है.''[182]

महान् सफल व्यक्ति जन्म से सफल पैदा नहीं होते उन्हें विकसित किया जाता है. यदि आप अधिक धन कमाना चाहते हैं, सम्बन्धों को सुधारना चाहते हैं और दुनिया पर अपना गहरा प्रभाव छोड़ना चाहते हैं तो उसका आरम्भ स्वयं को अधिक उन्नत बनाने से होगा. सफलता एक ऐसा कार्य नहीं है जो रातों रात हो जाता है. बच्चे चलने से पहले रेंगना सीखते हैं और दौड़ने से पहले चलना. एक पियानो वादन

''चॉपस्टिक्स'' और 'मॅरी हॅड अ लिटिल लेंब' बजाकर आरम्भ करता है. बरसों के श्रम और अभ्यास के बाद, वे अपनी कुशलता को उस हद तक ले जाते हैं कि बीथोवॅन्स की फिफ्थ सिंफॉनी या बॅच के कॉन्सर्टोज़ को बजा पाते हैं.

सफलता समय लेती है. मैंने अब तक कोई भी नियम या कार्य-कुशलता या वज़न घटाने की कला या मांस-पेशियों को विकसित करने के ज्ञान को तत्काल, पलभर में, विकसित नहीं किया. हम जहाँ हैं वहाँ से, जहाँ जाना चाहते हैं वहाँ तक कैसे पहुँचते हैं ? कदमों में. ''घर का निर्माण भी एक बार में एक, ईंट रखकर किया जाता है. फुटबॉल के खेल भी रुक रुककर, खेलकर जीते जाते हैं. हर बड़ी उपलब्धि, अनेकों छोटी-छोटी सफलताओं की श्रृंखलाओं के अन्त में मिलती है.[183] सफलता एकदम से नहीं आ जाती. हमें प्रति वर्ष सुधरना पड़ता है. ज्ञान, प्रवीणता और समृद्धि को पाने के लिए निरन्तर, एकनिष्ठ, अध्ययन और अभ्यास करना पड़ता है. असली सफलता को पाने का कोई शॉर्टकट नहीं होता अत: परिश्रम करें और दृढ़ बने रहें.

प्रति माह 10,000 अथवा ज्ञान-गुरु का प्रभाव

जैसे-जैसे मैं स्नातक की पढ़ाई पूरी करता गया अगली दिशा बताने के लिए मुझे अनेकों ज्ञान-गुरु मिलते गए. मैंने नौकरी के बहुत-से प्रस्ताव ठुकरा दिए और एक सर्वोच्च एमबीए कार्यक्रम के लिए इन्कार कर दिया. मैंने व्यवसाय आरम्भ करने का निश्चय किया था. मैं करोड़ों डॉलर की एक कम्पनी स्थापित करना चाहता था और अपने ज्ञान-गुरुओं की कथाओं और सफलताओं को देखकर मन में आशा बँधी और मैंने जोखिम उठाने का निश्चय किया. मैंने अपनी व्यावसायिक गति-विधियों को सन् 1999 में आरम्भ कर दिया. दो वर्ष बाद मेरा व्यापार असफल हो गया और मुझपर दसियों हजार डॉलर का ऋण हो गया. मैं हतोत्साहित हो गया. मुझे ज्ञात था कि एक मुनाफा कमानेवाली कम्पनी को स्थापित किया जा सकता है, मगर मैं सोचने लगा कि क्या मैं कभी वैसा कर पाऊँगा ? मुझे प्रति माह $ 10,000 कमाने का लक्ष्य असम्भव लगने लगा. इस बिन्दु पर पहुँचकर मेरे एक ज्ञान-गुरु ने, जिन्होंने करोड़ों डॉलर का व्यावसायिक साम्राज्य स्थापित किया था, मुझे यह कथा सुनाई :

> मेरे धनवान बनने से पहले ही मेरे पिता अपना व्यवसाय स्थापित करके करोड़पती बन चुके थे. मुझे याद है, जब मैंने अपना व्यवसाय करना

आरम्भ किया था तो शुरू में ही मुझे व्यापार में हानि उठानी पड़ी थी. मैं व्यावसायिक दौरे से लौट रहा था और मुझे समझ में नहीं आ रहा था कि मेरा व्यवसाय सफल क्यों नहीं हो पाया. मैं सचमुच निराश और पस्त था. प्रतीत हो रहा था कि मैं सफल बनने का मूल्य चुका रहा हूँ. मैं कड़ी मेहनत कर रहा था मगर ऐसा लग रहा था कि मेरे अलावा और हर कोई सफल हो रहा है. मैं व्यवसाय और सफलता की पत्रिकाएँ खोलकर देखता तो पता चलता कि मेरे अलावा हर किसी का व्यापार सफल हो चुका है. मेरे सिवाय और सब विस्तार पाते जा रहे हैं.

अपने गृह–शहर के बाहर पास के एक पेट्रोल पम्प पर रुककर मैंने पेट्रोल लेने का विचार किया. मैं उस समस्या पर कुछ घंटों से दुखी हो रहा था, अत: मेरा ध्यान आसपास हो रहीं बातों पर नहीं था. पेट्रोल भरवाने के बाद मैंने टंकी का ढक्कन वापिस लगाया और सिर उठाया तो देखा, मेरे पिताजी सामने दूसरी ओर खड़े पेट्रोल भरवा रहे थे. मैंने उनसे पूछा, ''पिताजी, आप यहाँ क्या कर रहे हैं ?'' वे बोले, ''मैं अपना व्यवसाय स्थापित कर रहा हूँ.'' मैं दौड़कर उनके पास गया, उनसे गले मिला और फूट–फूटकर फिर से रोने लगा. यहाँ मैं, एक छह फुट तीन इंच और 210 पाउंड का जवान बच्चों की तरह, अपने पिता के कंधे का सहारा लेकर रो रहा था.

''पिताजी, कोई भी बात मेरे अनुसार कार्य नहीं कर रही है.'' रोकर मैंने आगे कहा, ''मैं रोज दिन–रात बाहर निकलकर काम करता हूँ. मैं यथा सम्भव सभी कुछ करता हूँ, पर बात नहीं बनती.'' मेरे पिता बोले, ''बेटा, क्या तुम्हें आशा है कि मैं एक व्यवसायी के रूप में सफल बन पाऊँगा ?'' मैं बोला, ''आप तो अब भी करोड़पती हैं. पिताजी मैं जानता हूँ, व्यवसाय आपको माफिक आता है. मुझे यह विश्वास करने में कठिनाई आ रही है कि क्या मैं भी कभी अपने व्यवसाय में सफल हो सकूँगा ?'' मेरे पिता ने उत्तर दिया, ''तो तुम मानते हो कि वह मेरे लिए योग्य रहेगा मगर तुम्हारे लिए काम नहीं करेगा. मगर यदि मैं तुम्हारे साथ काम करूँ और हम साथ–साथ काम करें तो क्या तुम मानते हो कि वह हम दोनों को सफल बनाएगा ?''

मैं बोला, "हाँ पिताजी, मैं समझता हूँ कि वह हमें सफल बनाएगा."

घर लौटते समय मेरे पिता ने आगे-आगे कार चलाई और मैं पीछे-पीछे, उनके कार की दो छोटी-छोटी टेल लाइटों को देखता उस रात घर लौटा. उस दिन मेरा हृदय गद्‌गद् हो रहा था कि मेरे भी पिता हैं जो मेरे ज्ञान-गुरु हैं और मुझे उदाहरण द्वारा राह दिखा रहे हैं. मैं घर तक उन टेल लाइटों का पीछा करता हुआ उस रात घर लौटा, और फिर करोड़पति बनने की राह पर चलते समय भी मैं उन टिम-टिमाती टेल लाइटों का अनुकरण करता रहा. मैं बहुत आभारी हूँ ज्ञान-गुरु के उन पश्च-दीपों का जिन्होंने मेरे आगे-आगे चलकर मुझे राह दिखाई.

फिर मेरे शिक्षा-गुरु ने मुझे बताया कि उनके पिता को भी अपना व्यापार आरम्भ करने में संघर्ष करना पड़ा था, मगर अन्त में वे उस पर विजयी हुए. बाद में उन्होंने कहा कि स्वयं उन्हें भी व्यवसाय के आरम्भ में कठिनाइयाँ आईं थीं और यदि मैं अपना व्यापार जारी रखूँगा तो बाद में मैं भी सफल हो जाऊँगा. फिर उन्होंने मुझे प्रोत्साहित किया ताकि मैं अपना कार्य बन्द न करूँ क्योंकि अनेक बार असफलता के बाद, पीछे-पीछे सफलता आती है. सन् 2001, अप्रैल में मैंने एक नया व्यवसाय आरम्भ किया और सन् 2002 में हमने करीब एक मिलियन डॉलर लाभ के रूप में कमाए. 26 वर्ष की उम्र में मैंने अपने प्रति माह 10,000 डॉलर की कमाई का लक्ष्य पहली बार पाया. उस माह मैं $ 21,611 डॉलर की कमाई घर ले गया था.

जब कोई व्यक्ति सफल होता है तो उसे हम सौभाग्यशाली नहीं कहते. पता लगाते हैं कि वह उन्होंने कैसे किया था जिससे हम भी उनके कार्यों को दुहराकर उसी सफलता को पा सकें. किसी भी क्षेत्र की - व्यायाम, संगीत, आर्थिक, वैवाहिक उस क्रिया को समझने का सबसे सुगम उपाय है उस क्षेत्र के किसी व्यक्ति से मिलना जिसने यह उपलब्धि हासिल की हो और उनसे सीखना कि वह कैसे हुआ था. जहाँ कल आप पहुँचना चाहते हैं, वहाँ जो आज हैं, फिर उन कार्यों को करें जो उन्होंने किए थे. इसके लिए यदि आपको सुरंगों के क्षेत्र से होकर गुजरना पड़े तो उस आदमी के पीछे जाएँ जो उस मार्ग से गुजर चुका हो अथवा प्रयत्न और पराजय के खेल से होकर गुजरें. अपने सपनों तक ले जानेवाले किसी प्रज्ञा-पुरुष को खोजें, जिसके पद-चिह्नों

पर आप चल सकें. सफल व्यक्ति मिलना पसन्द करते हैं. उन्हें सिर्फ बाहर निकालना होता है. अत: नियम बना लें उन लोगों से मिलने का जो उन कार्यों को कर चुके हैं जिन्हें आप करना चाहते हैं.

हर कोई सफल हो सकता है क्योंकि सफल बनने के लिए जिन बातों की आवश्यकता होती है उन्हें सीखा जा सकता है. आपके और जहाँ आप पहुँचना चाहते हैं उसके बीच सिर्फ समय और प्रयत्न आते हैं. महात्मा गांधी जी ने सिखाया था, ''मैं किसी साधारण मनुष्य से अधिक कुछ भी नहीं हूँ जिसका सामर्थ्य सामान्य से भी कम होता है. मुझे जरा-सा भी सन्देह नहीं है कि कोई भी सामान्य स्त्री या पुरुष उन उपलब्धियों को पा सकता है जो मैंने पाई हैं, यदि वह भी उतनी ही मेहनत करे और उसी आशा और आस्था को जगाए.''

क्रिस्टोफर कोलम्बस

इतालवी इतिहासकार बेंजॉनी, क्रिस्टोफर कोलम्बस से सम्बन्धित इस कथा को याद करते हैं. अमेरिका की खोज के बाद कोलम्बस को एक भोज में आमंत्रित किया गया था जहाँ उन्हें टेबल पर सबसे प्रमुख स्थान बैठने को दिया गया. उन्हें विधिपूर्वक परोसा गया जैसा महाराजाओं के साथ होता है. टेबल के उस पार एक निम्न मनोवृत्ति का राज-दरबारी बैठा था जिसे कोलम्बस से बहुत अधिक जलन

होती थी. उसने कोलम्बस से सहसा पूछा, ''यदि आपने अमेरिका की खोज नहीं की होती तो क्या स्पेन में कोई दूसरा आदमी नहीं होता जो उस कार्य को कर पाता?'' कोलम्बस ने कोई उत्तर नहीं दिया मगर एक अंडा लिया और सभी साथियों से कहा कि वे उसे उसके छोर पर खड़ा करें. सभी उस कार्य को करने में विफल हुए और दुखड़ा रोने लगे कि वह कार्य असम्भव है. इस पर उन्होंने उसके एक कोने को टेबल से टकराकर तोड़ा और टूटे भाग के सहारे उसे खड़ा कर दिया. इस प्रकार से उन्होंने साबित कर दिया कि उन्होंने दुनिया को एक नई राह दिखाई है और अब लोगों के लिए उस पर चलना बहुत आसान है. किसी ऐसे व्यक्ति का अनुसरण करना जो आपके इच्छित ध्येय को पा चुका है, वही सबसे सरल और कम समय में पहुँचने का मार्ग है, जहाँ आप जाना चाहते हैं.

चॉकलेट केक का दृष्टान्त

यदि कोई व्यक्ति दुनिया का सबसे महान् चॉकलेट केक बनाता है, तो क्या आप भी उसी गुणोंवाला केक बना सकते हैं ? हाँ, अवश्य बना सकते हैं यदि आपके पास उस व्यक्ति का केक बनाने का नुस्खा है. नुस्खा और कुछ नहीं, एक रणनीति होती है, एक विशेष योजना कि साधनों का उपयोग किस प्रकार से करना है और किनका करना है ताकि एक सुविशेष परिणाम पाया जा सके... तो उसी गुणवत्ता का केक बनाने के लिए, जैसा विशेषज्ञ बेकर ने बनाया था, हमें कौन-सी वस्तुएँ चाहिए ? हमें बनाने का नुस्खा चाहिए ताकि उसकी हू-ब-हू नकल की जा सके. यदि हम उसका अक्षरश: पालन करेंगे तो हम भी वही परिणाम पैदा कर सकेंगे, फिर

भले ही आपने उस तरह का केक अपने जीवन में कभी न बनाया हो. बेकर ने वर्षों की कड़ी मेहनत और सफलता-विफलाओं के बीच काम करके, अन्त में उस परिपूर्ण व्यंजन को विकसित किया हो. मगर आप उन वर्षों को बचा सकते हैं, उसके नुस्खे का अनुकरण कर सकते हैं और उसके कार्यों के आदर्श पुरुष बन सकते हैं... यदि आप उन लोगों का अनुकरण करते हैं जिन्हें आर्थिक सफलता मिल चुकी है या जो पारिवारिक संबंधों में सफल हो चुके हैं, तो आपको सिर्फ उनका नुस्खा सीखना है, उनकी रणनीति का पता लगाना है और उन्हें उसी प्रकार से प्रयोग में लाना है ताकि वैसे ही परिणाम मिल सकें और अनन्त शक्ति और प्रयत्न बच सकें.''[184]

वॉरेन बफेट को ज्ञान-पुरुष मिलते हैं

स्टॉक मार्केट में किस प्रकार से निवेश करना, इसे सीखने के लिए वॉरेन बफेट ने बेंजमिन ग्राहम द्वारा लिखी द *इंटेलिजेंट इन्वेस्टर* पुस्तक पढ़ी. इस पुस्तक में उन्होंने एक निवेश-दर्शन खोजा जिसके अनुसार चलने का उन्होंने निर्णय लिया. वॉरेन ने बेंजामिन ग्राहम को अपना आदर्श-गुरु माना और उन कक्षाओं में जाने लगे जो प्रोफेसर ग्राहम कोलम्बिया युनिवर्सिटी में लेते थे. उसने प्रोफेसर ग्राहम के लिए मुफ्त में काम करने का प्रस्ताव भी रखा. सन् 1954 में वॉरेन बफेट को बेंजामिन फ्रेंकलिन ने अपने न्यूयॉर्क इन्वेस्टमेंट फर्म ग्राहम-न्यूमॅन में 12,000 डॉलर प्रति वर्ष सन् 2006 के अनुसार $ 87,000 प्रति वर्ष पर काम पर रख लिया. दो वर्ष बाद ग्राहम निवृत्त हो गए और अपनी इन्वेस्टमेंट फर्म बन्द कर दी. सन् 1957 में वॉरेन ने अपनी स्वयं की इन्वेस्टमेंट पार्टनरशिप फर्म आरम्भ कर दी. उनका व्यवसाय परिवार के सात सदस्यों और मित्रों के साथ आरम्भ हुआ जिन्होंने $ 105,000 - सन् 2006 के अनुसार $ 729,000 की पूँजी लगाई, जिसमें वॉरेन बफेट ने सिर्फ $ 100, सन् 2006 के अनुसार $ 694 - अपने लगाए थे. ग्यारह वर्ष बाद सन् 1968 में उनका पूँजी निवेश का व्यवसाय बढ़कर $ 104 मिलियन डॉलर - सन् 2006 के अनुसार $ 553 मिलियन का हो गया. वॉरेन बफेट ने अपनी निवेश-कला का उपयोग करना जारी रखा और सन् 2006 में, फॉर्बस के अनुसार उसका मूल्यांकन $ 40 बिलियन किया गया.

अध्याय XV

दृढ़ता की शक्ति

''सभी रुकावटों के बावज़ूद दृढ़ बने रहना, विपरीत दिशाओं में बहना और असम्भव से लड़ना : यही सब तो है जो शक्तिशाली आत्मा को दुर्बल दिल से अलग करता है.''

– थॉमस कार्लाइल

मैंने दर्जनों महान् पुरुषों की जीवनियाँ पढ़ी हैं. जैसे-जैसे हम उनके जीवन का अध्ययन करते हैं, हमें ज्ञात होता है कि उन्होंने अपनी महानता या सफलता को भाग्यवश या अकस्मात् नहीं पाया था. उसे उन्होंने कार्य, दृढ़ता और अपनी असफलताओं से ज्ञान लेकर पाया था. एक सबक हर किसी को सीखना चाहिए वह है मुश्किलों के समय पर भी दृढ़ता को बनाए रखना. जब हम पराजय और अस्वीकृति का अनुभव करते हैं तो सबसे स्वाभाविक बात होती है कार्य को छोड़ देना, मगर सफल व्यक्तियों ने ऐसी परिस्थिति में भी अड़े रहना सीखा है.

मार्क विक्टर हेन्सन एवं जॅक कॅनफील्ड

चिकन सूप फॉर द सोल सीरीज के बेस्ट सेलिंग लेखक बनने से पहले – अब जिसकी 100 मिलियन प्रतियाँ बिक चुकीं हैं, उन्हें 140 प्रकाशकों ने अस्वीकृत किया था और उनके प्रतिनिधियों ने उनसे कहा था, ''मैं इस पुस्तक को नहीं बेच पाऊँगा, मैं इसे तुम लोगों को लौटा रहा हूँ.''

राइट ब्रदर्स

आधुनिक उड्डयन-कला के आविष्कारक बनने से पहले, उनके हजारों उड़नप्रयोग एवं ग्लाइड्स असफल हुईं थीं. ऑर्विल राइट लिखते हैं, ''हमारे आरम्भिक

प्रयोग बहुत निराशापूर्ण थे. वह मशीन... कई बार पूरी तरह से नियंत्रण से बाहर हो जाती थी.''[185]

स्टीफन आर. कॉवे

स्टीफन आर. कॉवे जो *सेवन हॅबिट्स ऑफ हाइली इफेक्टिव पीपल* के लेखक हैं, उन्होंने दुनिया की एक सबसे बड़ी नायकत्व विकास की कंपनी की स्थापना की थी. उस कम्पनी का नेट मूल्य 160 मिलियन डॉलर हुआ उससे पहले, कम्पनी के पास लगातार 11 वर्षों तक शून्य नकद राशि थी. कम्पनी के पास बेंक में भी कुछ नहीं था. वह पूरी तरह से आनेवाले धन पर जी रही थी और उनकी उधार की सीमा भी समाप्त कर दी गई थी. उनका ऋण से ठोस नकद का अनुपात 223:1 था. अगले ढाई वर्षों में कम्पनी का मूल्य बढ़कर $ 160 मिलियन हो गया.[186]

सॅम वॉल्टन

सॅम वॉल्टन ने वॉल-मार्ट की स्थापना की उससे पहले, 5 वर्षों की कड़ी मेहनत के बावज़ूद बॅन फ्रेंकलिन नाम की अपनी पहली दुकान खो दी थी. अपने इस अनुभव के बारे में वे लिखते हैं, ''वह मेरे व्यावसायिक जीवन का निम्न स्तर था. मैं अन्तर्मन तक दुखी हो गया था. मैं विश्वास ही नहीं कर पा रहा था कि वह सब मेरे साथ हो रहा है. वह सचमुच एक दिवा-स्वप्न था. मैंने उस क्षेत्र का सर्वश्रेष्ठ विविध-वस्तु-भंडार खोला था और समाज के लिए कड़ी मेहनत की थी - सभी कार्यों को सही प्रकार से किया था और अब मुझे ठुकराया और शहर से बाहर भगाया जा रहा था. यह उचित नहीं था... मैंने हमेशा समस्याओं को चुनौतियों के रूप में लिया था, और यह भी कोई अलग नहीं थी... सामने उपस्थित चुनौती को समझना भी बहुत सरल था : मुझे स्वयं को उठाना था और आगे काम में लग जाना था. सब कुछ फिर से आरम्भ करना था, सिर्फ इस बार अधिक अच्छी तरह से.... मेरे पास सब कुछ फिर से, नए प्रकार से, करने का मौका आया था, और इस बार मैं जान रहा था कि क्या कर रहा हूँ.''[187] उन्होंने अगला स्टोर जो खोला वह वॉल-मार्ट था.

वॉल्ट डिज़नी

वॉल्ट डिज़नी ने सन् 1928 में एक जबर्दस्त आघात खाया था. वह इतना गहरा था कि प्रतीत हुआ जैसे उनका अस्तित्व ही समाप्त हो जाएगा. अपनी प्रथम, सफल कार्टून रचना ओसवॉल्ड द लकी रॅबिट को उन्होंने गँवा दिया था क्योंकि उन्होंने असावधानी से एग्रीमेंट साइन किया था और स्वामित्व के अधिकार दूसरों के पास चले गए थे. इस आकस्मिक विध्वंस से पूरी तरह से सब-कुछ गँवाने के बाद भी डिज़नी ने प्रयत्न करना नहीं छोड़ा. वे काम में लगे रहे और अपनी नई सृष्टि मिकी माउस का निर्माण किया.[188]

सिल्वेस्टर स्टॉलोन

सिल्वेस्टर स्टॉलोन एक सफल लेखक और अभिनेता बने इससे पहले उन्हें 600 से अधिक अभिनेता-प्रदाता दलालों ने अस्वीकृत कर दिया था और वे अपने प्रथम 8 स्क्रीन प्लेज़ बेच नहीं पाए थे. सन् 1975 में उन्होंने मोहम्मद अली और चक वेप्नर के बीच का एक द्वन्द्व देखा जिसमें वेप्नर का मूल्य 30:1, निम्नतम था. इस द्वन्द्व से प्रेरणा लेकर स्टॉलोन ने रॉकी की सिने-कहानी लिखना आरम्भ किया. कहानी को युनायटेड आर्टिस्ट ने खरीद लिया और उसका प्रदर्शन 21 नवंबर, 1976 को सिनेमा-गृहों में हुआ. रॉकी ने $ 117 मिलियन - 2006 के अनुसार $ 389 मिलियन का व्यवसाय अमेरिकन सिनेमा-गृहों में किया. इसमें स्वयं स्टॉलोन को $ 5 मिलियन - $ 16.6 मिलियन, 2006 के भाव से, मिले.

क्रिस्टोफर कोलम्बस

एक महानतम अन्वेषक के रूप में स्थापित होने से पहले, अनेकों लोगों ने, करीब 20 वर्ष तक उन्हें अस्वीकार किया था. अन्त में महारानी ईज़ाबेला और राजा फर्डीनन्द उनके साहसिक प्रयास की मदद करने को तैयार हुए. कोलम्बस अपने संघर्ष के बारे में लिखते हैं, "वे सभी जिन्होंने मेरे साहसिक प्रवास के बारे में सुना, मुझे मूर्ख कहा, मेरा मज़ाक उड़ाया और हँसे."[189] सन् 1492 की 3 अगस्त की शाम को कोलम्बस ने अपने तीन जहाजों नीना, पिंटा और सांतामारिया के साथ स्पेन का समुद्र-तट छोड़ा. 10 अक्टूबर, 1492 को, स्पेन छोड़ने के 68 दिनों बाद, कोलम्बस

के जहाजियों ने धीरज खोना शुरू कर दिया कि अब शायद ही वे अपने गन्तव्य तक पहुँच पाएँगे. शायद अब वे समुद्र में ही मर जाएँगे, इस डर से उनके नौसैनिकों और खलासियों ने वापिस लौटने की अनुमति माँगी ताकि वे स्पेन वापिस पहुँच जाएँ. यदि कोलम्बस लौटने की अनुमति उन्हें नहीं देंगे तो खलासी उन्हें मार देंगे, ऐसी धमकी भी उन्हें दी गई. कोलम्बस ने उनसे निवेदन किया कि वे अपनी माँग पर फिर से विचार करें और सुलह का मार्ग निकालें. कोलम्बस ने सुझाव दिया कि यदि और दो दिनों तक उन्हें जमीन नहीं दिखी तो वे सब वापिस लौट जाएँगे. सैनिक अधिकारियों और खलासियों ने सुलह को स्वीकार कर लिया. अक्टूबर 11 को उन्हें जमीन के पक्षी और निकट ही जमीन होने के चिह्न दिखे, और सुबह 2.00 बजे.... ''12 अक्टूबर को, आगे जा रहे पिंटा जहाज ने ''आगे का मार्ग सुरक्षित है'', ऐसी घोषणा की. चन्द्रमा की रोशनी में पिंटा के एक नाविक जुआन रॉड्रिक्स बरमेजो ने एक सफेद रेतीला किनारा और उसके बाद धरती के दर्शन किए. उसकी चिल्लाहट ''जमीन-जमीन !'' के बाद पिंटा के नाविकों ने अपने मस्तूल के सबसे ऊपरी भाग पर अपना झंडा फहराया और तोप चलाई.''[190] कोलम्बस को एक महान् विजय हासिल हुई. उनमें हिम्मत थी आगे बढ़ते रहने की, जब और सबों ने आशा छोड़ दी थी.

कर्नल सेंडर्स

केंटकी फ्राइड चिकन - जब दुनिया का सबसे बड़ा रेस्त्राँ बना था उससे पहले, कर्नल सेंडर्स को करीब 1000 बार अस्वीकृत किया गया था. सन् 1950 के आरम्भिक दिनों में कर्नल हारलेंड सेंडर्स को अपना होटल इसलिए बेचना पड़ा था क्योंकि हाइवे कॉर्बिन केंटकी का बायपास मार्ग वहाँ से निकल रहा था, इससे उनके ग्राहकों की संख्या एकदम से घट गई जो वहाँ आते थे. 65 वर्ष की उम्र में कर्नल सेंडर्स को अपनी सोशल सिक्युरिटी के \$ 105 प्रति माह - सन् 2006 के अनुसार \$ 791 - की नगण्य-सी राशि पर गुजारा करना पड़ रहा था.

अपने होटल को चलाते हुए उन्होंने फ्राइड चिकन की रीति खोज निकाली थी और उसी पद्धति से वे उसे पका रहे थे. अपने चिकन की श्रेष्ठता से आश्वस्त होकर उन्होंने उस विद्या और पद्धति का परीक्षण करने की बात सोची. वे पूरे देश के हर हिस्से में गए और वहाँ के होटलों और उनके कर्मचारियों के लिए चिकन पकाने की

कक्षाओं की अनुमति माँगी. कोई अनुकूल व्यक्ति मिलने से पहले उन्हें 1009 बार अस्वीकृत किया गया, तब कहीं वे अपनी रेसिपी पकाने का नुस्खा, बेच सके.[191] कर्नल सेंडर्स सैकड़ों इन्कारों के बीच भी दृढ़ बने रहे, तब कहीं उन्हें ''हाँ'' सुनने को मिला.

अपनी पहली ''हाँ'' के बाद उनकी 'विक्रय-अधिकार' की भावना सफल होने लगी. जिन्होंने उनकी रेसिपी को खरीदने की हाँ कही थी उनके साथ उन्होंने हाथ मिलाने का एग्रीमेंट किया जिसके लिए उन्हें सिर्फ एक निकॅल - 36 सेंट, 2006 के अनुसार, प्रति चिकन मिलते थे. सन् 1964 में, 74 वर्ष की उम्र में, कर्नल सेंडर्स के पास 600 एकाधिकार - फ्रेंचाइज़ बिक्री - केंद्र अमेरिका और कॅनडा में हो गए.

कर्नल सेंडर्स अपने आरम्भिक दिनों के बारे में बताते हैं, ''उन दिनों मैं हाथों से मसालों को विशेष रूप से साफ की हुई कांक्रीट के कॉर्बिन के पिछवाड़े के फर्श पर मिलाता था जैसे सीमेंट मिलाते हैं. मैंने फर्श पर एक छेद करके एक सुरंग बना दी थी और उसके द्वारा विशेष जड़ी-बूटियों और मसालों को सावधानी से उसमें मिलाता. मेरी पत्नी क्लॉडिया ही मेरी पॅकिंग सहायक थी. वह रसोइघर की सुपरवाइज़र, डिलिवरी गर्ल - सभी कुछ थी. हमारा गॅरेज़ हमारा गोदाम था. जब मैं अपने चिकन को बेचने बाहर निकल जाता तो पीछे क्लॉडिया को ऑर्डरों को पूरा करने को छोड़ जाता ताकि पकाया आटा-मिश्रण तैयार रहे. वह माँगी मुर्गियों को कागज़ की छोटी-छोटी थैलियों में भरकर किनारों पर सॅलोफिन का अस्तर लगाकर, डिब्बों में रखकर भेजने के लिए तैयार कर देती. फिर उन्हें रात की गाड़ी से हम रवाना कर देते.'' सन् 1964 में, कर्नल सेंडर्स ने अपने उस अमेरिकन कम्पनी के अधिकारों को 2 मिलियन डॉलरों, सन् 2006 के अनुसार 13 मिलियन डॉलरों में बेचा मगर कम्पनी के जन-सम्पर्क अधिकारी बने रहे. केएफसी का विकास होता रहा और प्रति वर्ष करोड़ों डॉलर की बिक्री आज वह करती है और प्रति दिन अपने लाखों ग्राहकों को 13,000 हॉटलों के माध्यम से 80 देशों में संतुष्ट करती है.

कॅमेरॉन सी. टेलर

मेरी कोई रचना प्रकाशित हो उससे पहले मैंने लिखने के लिए संघर्ष किया था. कॉलेज के अपने पहले सत्र से पहले ही मैंने ध्येय बना लिया था कि मेरी पुस्तक

प्रकाशित हो. मुझे अपने प्रथम लेखन प्रस्ताव की याद है जो मुझे मिला था और मैं बहुत अधिक उत्तेजित था और उसे आरम्भ करना चाहता था. इस लेख के लिए मैंने कड़ा परिश्रम किया और दर्जनों घंटे लगाए ताकि वह मेरी सर्वश्रेष्ठ रचना बने और मुझे 'ए' मिले. निबन्धों को देने के कुछ सप्ताह बाद, मुझे याद है, जब टीचर बोर्ड पर 'ए' से 'एफ' तक के ग्रेड लिख रहे थे और समझा रहे थे कि कक्षा के विद्यार्थियों का विभाजन किस प्रकार से हुआ है, मुझे विश्वास था कि मुझे 'ए' ही मिलेगा और मैं प्रकाशित रचनाकार बन जाऊँगा, मुझे मेरा पेपर वापिस मिला और उसके शीर्ष पर 'ए' नहीं था, और न 'बी', 'सी' या 'डी' था, उस पर 'एफ' लिखा था और टिप्पणी थी ''यह कॉलेज के लायक सामग्री नहीं है. तुम्हें मदद की जरूरत है. प्रशिक्षक रखो.'' यह आरम्भ था मेरे लेखन-व्यवसाय का. स्कूल के दिनों में मेरा सबसे खराब विषय लेखन रहा था. मगर मैंने निश्चय किया था कि मैं उसे अपना श्रेष्ठतम विषय बनाऊँगा. मैं टीचर के पास गया और उनसे पूछा कि क्या वे मुझे 'ए' ग्रेड पाए विद्यार्थियों की सूची दे सकते हैं ताकि मैं उनके निबन्धों को देखकर जान सकूँ कि 'ए' ग्रेड पेपर कैसे होते हैं और उनसे सबक ले सकूँ. मैंने लेखन की कक्षाओं में जाना शुरू किया और दूसरे लेखकों से सबक सीखने लगा. मैंने अपनी लेखन-कला को सुधारने और विकसित करने के लिए कड़ी मेहनत की और पढ़ाई के अन्तिम वर्ष में पहुँचते-पहुँचते मैं एक प्रकाशित लेखक बन गया. मेरी प्रथम पुस्तक का प्रकाशन कॉलेज ने युनिवर्सिटी के लीडरशिप कोर्स के पाठ्य-क्रम के लिए किया था.

निष्कर्ष

अब्राहम लिंकन ने सिखाया था, ''हमेशा दिमाग में सोचते रहो कि सफल बनने का आपका स्वयं का निश्चय अधिक महत्वपूर्ण है बजाय किसी और के.''[192] जीवन में उनके लिए कोई विफलता नहीं होती जो सफल बनने से पहले कार्य को छोड़ते नहीं हैं. असफलता सीखने का एक तरीका है. सफलता का सूत्र है, तब तक प्रयत्न करते रहो जब तक सफल नहीं हो जाते. यदि आप संघर्ष के बीच ही में प्रयत्न छोड़ देंगे, तो आप कभी विजय का अनुभव नहीं कर पाएँगे.

निष्कर्ष

खरोंच खाई फॅरारी से सीखे पाठ

स्थानीय दल के स्काउट मास्टर बनने के लिए मैंने अपना नाम दिया था. हमारा दल एक मूवी बना रहा था ताकि हम सिने-निर्माण - सिनेमॅटोग्राफी का योग्यता चिह्न जीत सकें और हमें इसके लिए एक लॅक्ज़री कार का दृश्य फिल्माना था. मेरे पड़ौसी के पास दो खूबसूरत फरारी थीं, अत: मैंने उनके साथ, उनके घर पर, दृश्य फिल्माने का बन्दोबस्त किया.

मेरा पाँच वर्ष का बेटा मेरे साथ शूटिंग के लिए आया. उसे भी फिल्म में बौने का पार्ट दिया गया था. हम अपने पड़ौसी के गॅरेज में थे और वह मुझे दीवाल पर अपने ''गौरव और पतन - विभिन्न कारों की दुर्घटनाओं'' के चित्र दिखा रहा था. हम जब उन चित्रों को देख रहे थे तभी हमें एक आघात की आवाज सुनाई दी और घूमकर देखा तो लाल फॅरारी के सामने एक ऊँचा, काम करने का स्थान खाली पड़ा था जिस पर एक कुर्सी पहियों के ऊपर रखी थी. मेरे बेटे ने गलती से उस कुर्सी को धक्का मारकर नीचे गिरा दिया था और वह काम करने के बेंच से नीचे, फॅरारी के हुड पर जा गिरी थी.

पाठ 1 - हमारी क्रियाओं का स्रोत हमारे सहज गुण होते हैं

सी. एम. लेविस ने हमें सिखाया था, ''निश्चय ही, जो काम कोई व्यक्ति असावधानी में करता है वही इस बात का सर्वश्रेष्ठ प्रमाण है कि वह किस प्रकार का आदमी है ? आदमी को आवरण ओढ़ने का अवसर मिले उससे पहले ही जो उभरकर सामने आ जाता है, वही सच है. यदि तहखाने में चूहे हैं तो आप उन्हें तभी देख पाएँगे जब अकस्मात् अन्दर जाएँ. मगर यह आकस्मिकता चूहों का निर्माण नहीं करती; वह उन्हें सिर्फ छिपने से बचाती है. उसी तरह से उत्तेजना के उद्गार की

आकस्मिकता मुझे बद्तमीज़, गुस्सैल आदमी नहीं बना देगी; वह सिर्फ मुझे बताएगी कि एक गुस्सैल बदमिजाज़ आदमी कैसा होता है.''[193]

मेरे पड़ौसी की फॅरारी को नुकसान पहुँचानेवाली कुर्सी ने मुझे और मेरे पड़ौसी – दोनों को असावधान हालत में पकड़ लिया और उसे एक आकस्मिक उत्तेजना ही कहा जाएगा. मेरा पुत्र दौड़कर मेरे एक मित्र के पीछे छिप गया, जो हमारे साथ थे, जिन्होंने हमें बाद में बताया कि पुत्र का दिल बहुत तेजी से धड़क रहा था क्योंकि वह राह देख रहा था कि अब आगे क्या होगा. मेरे पड़ौसी की प्रतिक्रिया ने मुझे बहुत प्रभावित किया. वे शान्त रहे और उन्होंने मेरे पुत्र से कहा, ''इसीलिए तो ये लोग रंग बनाते हैं : मैं इसे ठीक करवा लूँगा.'' अपने इस पड़ौसी के साथ सम्पर्क से मुझ पर यही प्रभाव पड़ा कि वे एक अद्भुत और दयालु व्यक्ति हैं. देखकर कि उनकी आकस्मिक प्रतिक्रिया धीरज की है जिसमें मेरे बेटे के प्रति प्यार और अपनापन भी मिला हुआ है. उससे साबित हुआ कि मेरे पड़ौसी यथार्थ में एक ऐसे व्यक्ति हैं जिनमें प्रेम, सँभाल और धीरज के गुण गहराई तक बसे हुए हैं.

हमारे जीवन, प्रतिक्रियाओं और कार्यों में बदलाव तभी आता है जब हम अपने भीतर के गुणों को बदलते हैं. अक्सर लोग उस समय स्वभाव को सुधारने की कोशिश करते हैं जब स्वभाव असली समस्या की जड़ में नहीं होता है. हेनरी डॅविड थोरयू के शब्दों में, ''हजारों लोग बुराई की शाखाओं को छाँटने–काटने में लगे हैं, बजाय एक व्यक्ति के जो उसकी जड़ों पर प्रहार कर रहा है.''[194] हमारे स्वभाव हमारे धारण किए गुणों से जन्म लेते हैं. इस तरह से यदि हम स्थायी प्रभाव छोड़ना चाहते हैं और अपना जीवन सुधारना चाहते हैं तो हमें उन गुणों को विकसित करना होगा जो हमें अपने इच्छित स्वभाव और जीवन की ओर ले जा सकें.

पाठ 2 – गुणों को पैदा किया जा सकता है

जब हम फिल्मांकन करके घर लौटे तो मैंने मायकल से कहा की भले ही वह दुर्घटना रही हो, फिर भी वह उस नुकसान के लिए जिम्मेवार था जो उसने हमारे पड़ौसी की फॅरारी को पहुँचाया था इसलिए उसे चाहिए कि वह पिछले कुछ महीनों से बचा रहे सारे पैसे पड़ौसी को, फॅरारी की सुधराई के लिए दे दे. मेरे पुत्र को यह विचार अच्छा नहीं लगा और वह रोने लगा और बोला, ''मैं अपने सारे पैसे गँवाना नहीं चाहता, नहीं तो मुझे फिर से जमा करने पड़ेंगे.'' मैंने उसे समझाया कि जब हम

किसी चीज़ का नुकसान करते हैं जो हमारी नहीं है तो हमारी जिम्मेदारी और कर्तव्य हो जाता है कि हम उस नुकसान की भरपाई करें. उसका रोना जारी रहा जब मैंने उसकी बचत के सारे डॉलर और सिक्के उसके बचत के मर्तबान में से निकालकर, एक लिफाफे में रखकर अपने पास रखे और कहा कि अब उसे वे ले जाकर पड़ौसी को दे देंगे. फिर मैं उसकी बचत के पैसों का लिफाफा और कोरा चेक लेकर पड़ौसी के पास गया ताकि वे फॅरारी की रिपेयरिंग करा सकें.

जब मैं इसे लिख रहा था तो मुझे अब्राहम लिंकन के जीवन का एक वाक्य याद आया जिन्होंने अनेकों अवसरों पर अपने कर्ज की राशि और उपकारों का बदला, कठिन परिस्थितियों के बावज़ूद चुकाया था. उनमें की एक घटना सन् 1837 में हुई थी जब लिंकन तथा कुछ अन्य लोगों ने एक विशाल आर्थिक उत्तरदायित्व की जिम्मेदारी उठाई थी. उस उत्तरदायित्व को स्वीकार करनेवाले अनेकों लोग सन् 1837 की विभीषिका से निरुपाय हो चुके थे और कोई भी ऋणी विकास नहीं कर रहा था. कुछ ने विधान परिषद् में प्रस्ताव पारित कराके उस भार से छुटकारा पा लिया होता, मगर लिंकन ने उसका विरोध किया और कहा, ''हमें लाभ मिल रहा है, मगर हमें पुरुषों की तरह खड़े होकर उस उत्तरदायित्व को भी निभाना चाहिए.'' वह उन सबों के लिए विपत्ति की घड़ी थी जो कर्ज़ चुका रहे थे और ऐसे समय पर अब्राहम लिंकन की हालत दरिद्र से भी अधिक खराब कही जा रही थी क्योंकि उन पर भी कर्ज का बोझ था. उस समय वे अपनी मूलभूत आवश्यकताएँ भी पूरी नहीं कर पा रहे थे. बड़े-बड़े त्याग करके कर्ज चुकाया और पुनर्भुगतान किया जा रहा था. और आखिर में 8 दीर्घ वर्षों के बाद ऋण का पूरा भुगतान हो गया. इतने कष्टों के बाद चुकता उस ऋण-पत्र को आज भी स्प्रिंग-फील्ड के एक बेंकिंग हाउस में फ्रेम किया हुआ देखा जा सकता है जहाँ उसे प्रदर्शन के लिए रखा गया है. प्रवेश करते ही उस पर नज़र पड़ती है. विपत्तियों के समय एक समाज क्या उत्सर्ग कर सकता है, उसके स्मारक के रूप में उसे वहाँ रखा गया है.[195]

महान् पुरुषों के प्राकृतिक गुणों को विकसित किया जा सकता है. मेरा लड़का जिसे फॅरारी को नुकसान पहुँचाने के बदले दण्ड चुकाना पड़ा था, और यह अब्राहम लिंकन की कहानी दोनों मेरे लड़के को जिम्मेदारी के गुण को विकसित करने में सहायक बनेगी, ताकि वह भी ''अवसर आने पर मर्द की तरह'' अपना उत्तरदायित्व निभा सके.

महान् पुरुषों के इन विशेष गुणों को पाने के लिए ज्ञान और विश्वास से भी बढ़कर किसी वस्तु की आवश्यकता होती है. एक बार गांधीजी ने कहा था, ‘‘999 व्यक्ति ऐसे हैं जो हर ईमानदार व्यक्ति के साथ ईमानदारी करने में विश्वास रखते हैं. ईमानदारी आपके जीवन पर सचमुच प्रभाव डाले, उसके लिए आपको, जो आप जानते हैं, उससे कुछ अधिक को जानना होगा – कि आप कैसे हैं. आप सिर्फ ईमानदारी के बारे में नहीं जान सकते और न विश्वास कर सकते हैं कि वह एक अच्छा सिद्धान्त है. आपको ईमानदार व्यक्ति बनना होगा. उसे अपना एक अंग बनावें – उसे अपनी जीवन-दृष्टि का गुण बनावें और स्वीकार करें. आइए, हम सब इसके अध्ययन और अभ्यास में समय बिताकर इसे विकसित करें तथा एक महान् व्यक्ति के गुणों और विशेषताओं को जिएँ.

महान् व्यक्तियों के 8 विशेष गुण हैं :

विशेष गुण 1 : उत्तरदायित्व

विशेष गुण 2 : निर्माण

विशेष गुण 3 : आत्म-निर्भरता

विशेष गुण 4 : विनम्रता

विशेष गुण 5 : ईमानदारी

विशेष गुण 6 : आशावादिता

विशेष गुण 7 : दूरदृष्टि

विशेष गुण 8 : दृढ़ता

मुझे आशा है कि इस पुस्तक ने आपको आनन्द दिया और सहायता भी की. आपका सन्देश पाकर मुझे प्रसन्नता होगी. कृपया मुझे बताएँ कि आपको इस पुस्तक की कौन-सी बात पसन्द आई और इसने आपके जीवन को कैसे प्रभावित किया.

कॅमेरॉन सी. टेलर

428 ई थंडरबर्ड रोड # 504

फोनिक्स, एझेड 85022

CameronTaylor@DoesYourBagHaveHoles.org

अन्त-सन्दर्भ

1 Michael and Jana Novak, *Washington's God* (Basic Books, 2006) p. 8.
2 Benjamin Franklin, *The Autobiography of Benjamin Franklin* (Philadelphia: Henry Altemus, 1895) p. 150-154.
3 Jim Collin, *Good to Great* (New York: Harper Collins, 2001) p. 51.
4 Charles Hockema.
5 The story from the beginning to the start of the conversation with the prison guard is an account from my memory of an experience I had teaching at a prison. The conversation with the prison guard to the end of the story is based on two true stories from the lives of two of my mentors. I felt the principles taught by these stories could best be told in the context of the prison encounter. Thus, from the prison guard to the conclusion of the story is fictional but is based on two true stories.
6 Viktor E. Frankl, *Man's Search for Meaning* (New York: Pocket Books, 1984) p. 178.
7 Viktor E. Frankl, *Man's Search for Meaning* (New York: Pocket Books, 1984) p. 178.
8 Stephen R. Covey, *The Seven Habits of Highly Effective People* (New York: Simon & Schuster, 1989) p. 69–70.
9 George G. Ritchie with Elizabeth Sherrill, *Return from Tomorrow* (Grand Rapids, MI: Fleming H. Revell, 1978) p. 115.
10 George G. Ritchie with Elizabeth Sherrill, *Return from Tomorrow* (Grand Rapids, MI: Fleming H. Revell, 1978) p. 115–116.
11 Steve Young, *Steve Young's Hall of Fame Send Off*, July 30, 2005.
12 Saundra Davis Westervelt, *Shifting the Blame* (New Brunswick, NJ: Rutgers University Press, 1998) p. 4, 7.
13 Thomas S. Monson, "In Search of an Abundant Life," *Tambuli,* Aug. 1988, p. 3.
14 Eknath Easwaran, *Gandhi the Man* (Nilgiri Press, 1997) p. 11.
15 Eknath Easwaran, *Gandhi the Man* (Nilgiri Press, 1997) p. 17.
16 Eknath Easwaran, *Gandhi the Man* (Nilgiri Press, 1997) p. 20.
17 Blaine Lee, *The Power Principle* (New York: Simon & Schuster, 1997) p. 170-171.
18 Lance H. K. Secretan, *Inspire! What Great Leaders Do* (Hoboken, NJ: Wiley 2004) p. 67.
19 Gandhi.
20 Anna Craft, Howard Gardner, Guy Claxton, *Creativity, Wisdom, and Trusteeship* (Thousand Oaks, CA: Corwin Press, 2007) p. 90.
21 Aldous Huxley.
22 Keshavan Nair, *A Higher Standard of Leadership* (San Francisco: Berrett-Koehler Publishers, Inc., 1997) p. 63.
23 Eknath Easwaran, *Gandhi the Man* (Nilgiri Press, 1997) p. 47.
24 Buddha cited in Sue Patton Thoele, *Growing Hope* (Yorkbeach, ME: Red Wheel/Weiser, 2004) p. 148
25 Gandhi.
26 Eknath Easwaran, *Gandhi the Man* (Nilgiri Press, 1997) p. 49, 56.
27 M.V. Vamath, Gandhi, *A Spiritual Journey* (Mumbai, India: Indus Source Books, 2007) p. 77.
28 Jafar Mahmud, *Mahatma Gandhi* (New Delhi: A.P.H. Publishing, 2004) p. 25.
29 Keshavan Nair, *A Higher Standard of Leadership* (San Francisco: Berrett-Koehler Publishers, Inc., 1997) p. 59.
30 Catherine Bush, *Gandhi* (New York: Chelsea House Publishers, 1985) p. 98.
31 Keshavan Nair, *A Higher Standard of Leadership* (San Francisco: Berrett-Koehler Publishers, Inc., 1997) p. 2.
32 Don Soderquist, *Live Learn Lead to Make a Difference* (Nashville, TN: J. Countryman, 2006) p. 9.
33 Stephen Budiansky, "10 Billion for Dinner, Please," *U.S. News & World Report,* 12 September 1994, p. 57–62.

34 Paul Pilzer, *God Wants You to Be Rich* (New York: Simon & Schuster, 1995) p. 18–19.
35 Stephen R. Covey, *Principle-Centered Leadership* (New York: Simon & Schuster, 1991) p. 159.
36 The overall story is fictional, but is based on several true stories.
37 Hyrum Smith, *The 10 Natural Laws of Successful Time and Life Management* (New York: Warner Books, 1994) p. 201–202.
38 Harold C. Livesay, *American Made* (New York: Pearson Longman, 2007) p. 269.
39 Bureau of Economic Analysis, U.S. Department of Commerce, Regional Economic Accounts, State Quarterly Personal Income, SQ1-Personal Income.
40 U.S. Department of Transportation, Federal Highway Administration, Exhibit 1.1 National Summary Statistics: 1960–2000.
41 Introductory Note, Benjamin Franklin, *The Autobiography of Benjamin Franklin* (Dover Publications, Inc., 1996) p. iii.
42 Benjamin Franklin, *The Autobiography of Benjamin Franklin* (New York: The MacMillan Company, 1921) p. 11.
43 Walter Isaacson, *Benjamin Franklin* (New York: Simon & Schuster, 2003) p. 94.
44 Edited by E. Boyd Smith, Benjamin Franklin, *The Autobiography of Benjamin Franklin* (New York: Henry Holt and Company, 1916) p. 169-170.
45 Walter Isaacson, *Benjamin Franklin* (New York: Simon & Schuster, 2003) p. 100.
46 Edited by E. Boyd Smith, Benjamin Franklin, *The Autobiography of Benjamin Franklin* (New York: Henry Holt and Company, 1916) p. 113.
47 Edited by E. Boyd Smith, Benjamin Franklin, *The Autobiography of Benjamin Franklin* (New York: Henry Holt and Company, 1916) p. 119.
48 Walter Isaacson, *Benjamin Franklin* (New York: Simon & Schuster, 2003) p. 72.
49 Clark DeLeon, "Divvying up Ben: Let's Try for 200 More", *Philadelphia Inquirer*, February 7, 1993, page B02.
50 Benjamin Franklin, *Essays and Letters, Volume 1* (New York: R. & W.A. Barton & Co., 1821) p. 91.
51 Lynn G. Robbins, *Uncommon Cents* (Salt Lake City, UT: Leather Bound Books, 2004) p. 13.
52 Benjamin Franklin, *Essays and Letters Volume 1*, (New York: R. & W.A. Barton & Co., 1821) p. 92–94.
53 Walter Isaacson, *Benjamin Franklin* (New York: Simon & Schuster, 2003) p. 130.
54 Leon J. Cole, *The Delta of the St. Clair River*, (Lansing, MI: Robert Smith Printing Company, 1903) p. 196.
55 Leon J. Cole, *The Delta of the St. Clair River* (Lansing, MI: Robert Smith Printing Company, 1903) p. 197.
56 Edited by E. Boyd Smith, Benjamin Franklin *The Autobiography of Benjamin Franklin*, (New York: Henry Holt and Company, 1916) p. 289-290.
57 Edited by Albert Henry Smyth; Benjamin Franklin, *The Writings of Benjamin Franklin, Volume II*, (New York: The MacMillan Company, 1905) p. 325.
58 Edited by Albert Henry Smyth; Benjamin Franklin, *The Writings of Benjamin Franklin, Volume II* (New York: The MacMillan Company, 1905) p. 410.
59 Walter Isaacson, *Benjamin Franklin* (New York: Simon & Schuster, 2003) p. 137.
60 Benjamin Franklin, *Memoirs of the Life and Writings of Benjamin Franklin* (London: Printed for Henry Colburn, British and Foreign Public Library, 1818) p. 372.
61 Walter Isaacson, *Benjamin Franklin* (New York: Simon & Schuster, 2003) p. 143, 145.
62 Edited by E. Boyd Smith, Benjamin Franklin, *The Autobiography of Benjamin Franklin* (New York: Henry Holt and Company, 1916) p. 115.
63 Edited by E. Boyd Smith, Benjamin Franklin, *The Autobiography of Benjamin Franklin* (New York: Henry Holt and Company, 1916) p. 136.

64 University of Pennsylvania, retrieved 9-24-2009 from http://www.upenn.edu/about/heritage.php.
65 Edited by Jared Sparks, *The Works of Benjamin Franklin, Volume 1* (Boston: Whittemore, Niles, and Hall, 1856) p. 569, 576.
66 Walter Isaacson, *Benjamin Franklin* (New York: Simon & Schuster, 2003) p. 147.
67 *Some Account of the Pennsylvania Hospital; From Its First Rise, to the Beginning of the Fifth Month, Called May, 1754* (Philadelphia: Printed at the Office of the United States' Gazetter, 1817) p. 33.
68 University of Pennsylvania, retrieved 9-24-2009 from http://www.uphs.upenn.edu/paharc/timeline/1751/tline1.html.
69 Edited by E. Boyd Smith, Benjamin Franklin, *The Autobiography of Benjamin Franklin* (New York: Henry Holt and Company, 1916) p. 228.
70 University of Pennsylvania, retrieved 9-24-2009 from http://www.pennhealth.com/pahosp/about/.
71 PBS, retrieved 9-24-2009 from http://www.pbs.org/benfranklin/l3_citizen_founding.html.
72 Jared Sparks, *The Life of Benjamin Franklin* (Boston: Whittemore, Niles and Hall) p. 408.
73 PBS, retrieved 9-24-2009 from http://www.pbs.org/benfranklin/l3_citizen_founding.html.
74 The Paris Peace Treaty (1783).
75 PBS, retrieved 9-24-2009 from http://www.pbs.org/benfranklin/l3_citizen_founding.html.
76 Edited by E. H. Scott; James Madison, *Journal of the Federal Convention* (Chicago: Scott, Foresman and Co., 1898) p. 741-743.
77 George Ticknor Curtis, *Constitutional History of the United States Volume I* (New York: Harper & Brothers, Franklin Square, 1889) p. 294.
78 Independence Hall Association, Retrieved September 26, 2009 from http://www.ushistory.org/franklin/philadelphia/grave.htm.
79 Abraham Lincoln, *Life and Works of Abraham Lincoln, Volume V* (New York: The Current Literature Publishing Co., 1907) p. 67–68, 186.
80 Fred G. Gosman, *Spoiled Rotten* (New York: Villard, 1992) p. 32.
81 Thomas J. Stanley, William D. Danko, *The Millionaire Next Door* (New York: Simon & Schuster, 1996) p. 142–143.
82 Barbara Hagenbaugh, "More Than Half of Teens Forgo Summer Jobs," *USA Today*, July 9, 2007.
83 Roberta Rand, "When Adult Children Move Back Home," *Focus on the Family.*
84 Sheila J. Curran, "The Adult-Child Comes Homes," *Duke University News*, July 21, 2006.
85 Elbert Hubbard, *Love, Life & Work* (The Roycrofters, 1906) p. 84.
86 "What was the Coast Guard's role in the world's first heavier than air flight, made by the Wright Brothers on 17 December 1903?" *United States Coast Guard.* Retrieved December 8, 2006, from http://www.uscg.mil/history/faqs/Wright_Brothers.html.
87 Fred C. Kelly, *The Wright Brothers* (Mineola, NY: Dover Publications, 1989) p. 8.
88 "The Unlikely Inventors," *Public Broadcasting Service (PBS).* Retrieved December 11, 2006, from http://www.pbs.org/wgbh/nova/wright/inventors.html.
89 *Academic American Encyclopedia* (Princeton, NJ: Arete Publishing Co., 1980) p. 212.
90 "Wright Brothers," *Wikipedia.* Retrieved December 7, 2006, from http://en.wikipedia.org/wiki/Wright_brothers.
91 Tom D. Crouch, *The Bishop's Boys* (New York: W. W. Norton & Company, 1989) p. 273–274.
92 Tom D. Crouch, *The Bishop's Boys* (New York: W. W. Norton & Company, 1989) p. 429.
93 Tom D. Crouch, *The Bishop's Boys* (New York: W. W. Norton & Company, 1989) p. 429.
94 Fred Howard, *Wilbur and Orville* (New York: Alfred A. Knopf, 1987) p. 16.
95 Judith A. Dempsey, *A Tale of Two Brothers* (Victoria, BC, Canada: Trafford Publishing, 2003) p. 26.

96 Tom D. Crouch, *The Bishop's Boys* (New York: W. W. Norton & Company, 1989) p. 12.
97 Louise Borden and Trish Marx, *Touching the Sky* (New York: Margaret K. McElderry Books, 2003).
98 Tom D. Crouch, *The Bishop's Boys* (New York: W. W. Norton & Company, 1989) p. 465–466.
99 Don Soderquist, *Live Learn Lead to Make a Difference* (Nashville, TN: J. Countryman, 2006) p. 92–93.
100 Edwin A. Locke, *The Essence of Leadership* (New York: Lexington Book, 1991) p. 79.
101 Complied by Rev. Frederick S. Sill, *A Year Book of Colonial Times* (New York: E.P. Dutton and Company, 1906) p. 15.
102 Thomas J. Stanley, William D. Danko, *The Millionaire Next Door* (New York: Simon & Schuster, 1996) p. 48, 71.
103 Joseph Addison, *The Works of Joseph Addison, Volume III* (New York: Harper & Brothers Publishers, 1864) p. 42.
104 Burke Hedges, *Read & Grow Rich* (Tampa, FL: INTI Publishing, 2000) p. 3.
105 Socrates. *Wikiquote*. Retrieved January 1, 2007, from http://en.wikiquote.org/wiki/Socrates.
106 *Publishers Weekly*, September 18, 2006, p. 4.
107 Mark Twain. *Wikiquote*. Retrieved January 1, 2007, from http://en.wikiquote.org/wiki/Mark_Twain.
108 Robert Kiyosaki, *Rich Dad, Poor Dad*, (Paradise Valley, AZ: TechPress, Inc., 1998) p. 152.
109 Alvin Toffler cited in Jarvis Finger, Neil Flanagan, *The Management Bible* (London: New Holland Publishers, 2006) p. xv.
110 B.J. Losing, *Signers of the Declaration of Independence* (New York: George F. Colledge & Brother, 1848) p. 167.
111 Blaine Lee, *The Power Principle* (New York: Simon & Schuster, 1997) p. 132.
112 *Wal-Mart*, retrieved January 8, 2007, from http://www.walmartfacts.com/content/default.aspx?id=3.
113 In 1985, Sam Walton became the wealthiest man in America with a net worth of $2.8 billion ($5.1 billion in 2006 dollars). At his death in 1992, Sam's net worth was estimated at $28 billion. He left his ownership in Wal-Mart to his wife and four children whose combined net worth in 2005 was approximately $80 billion.
114 Vance H. Trimble, *Sam Walton* (New York: Dutton, 1990) p. 6–8.
115 Don Soderquist, *Live Learn Lead to Make a Difference* (Nashville, TN: J. Countryman, 2006) p. 121.
116 Sam Walton, *Sam Walton* (New York: Doubleday, 1992) p. 234.
117 Bentonville, AK, had a population of 11,257 at the 1990 census.
118 Michael Bergdahl, *What I Learned From Sam Walton* (New York: John Wiley & Sons, 2004) p. 114.
119 Daniel Gross, *Forbes Greatest Business Stories of All Times* (New York: John Wiley & Sons, 1996) p. 274.
120 Michael Bergdahl, *What I Learned From Sam Walton* (New York: John Wiley & Sons, 2004) p. 132.
121 Don Soderquist, *Live Learn Lead to Make a Difference* (Nashville, TN: J. Countryman, 2006) p. 44–45.
122 Sam Walton, *Sam Walton* (New York: Doubleday, 1992) p. 81.
123 Sam Walton, *Sam Walton* (New York: Doubleday, 1992) p. 78-79.
124 Daniel Gross, *Forbes Greatest Business Stories of All Times* (New York: John Wiley & Sons, 1996) p. 283.
125 Daniel Gross, *Forbes Greatest Business Stories of All Times* (New York: John Wiley & Sons, 1996) p. 270.

126 John Breen, Mark Teeuwen, *Shinto in History* (Honolulu: University of Hawaii Press, 2000) p. 169.
127 Jay Van Andel, *An Enterprising Life* (New York: Harper Collins, 1998) p. 53–54
128 Kevin Rollins, Former President/CEO of Dell.
129 Robert C. Gay, *Business with Integrity* (Provo, UT: Brigham Young University Press, 2005) p. 49.
130 W. Steve Albrecht, *Business with Integrity* (Provo, UT: Brigham Young University Press, 2005) p. 5–6.
131 Jon M. Huntsman, *Winners Never Cheat* (Upper Saddle River, NJ: Wharton School Publishing, 2005) p. 9–11.
132 Jon M. Huntsman, Sr., *Business with Integrity* (Provo, UT: Brigham Young University Press, 2005) p. 91–92.
133 Jon M. Huntsman, *Winners Never Cheat* (Upper Saddle River, NJ: Wharton School Publishing, 2005) p. 40–41.
134 Ned C. Hill, *Business with Integrity* (Provo, UT: Brigham Young University Press, 2005) p. 79–80.
135 Mission and Values, *Huntsman International*, Retrieved January 18, 2007, from http://www.huntsman.com/index.cfm?PageID=831.
136 Jon M. Huntsman, *Winners Never Cheat* (Upper Saddle River, NJ: Wharton School Publishing, 2005) p. 9.
137 Shad Helmstetter, *What to Say When You Talk to Your Self* (New York: Pocket Books, 1986) p. 20.
138 Sterling W. Sill and Dan McCormick, *Lessons from Great Lives* (Aylesbury Publishing, 2007) p. 31.
139 Celia Sandys and Jonathan Littman, *We Shall Not Fail* (New York: Portfolio, 2003) p. 3.
140 Winston Churchill, *The Second World War, Volume I, The Gathering Storm* (New York: Houghton Mifflin Company, 1948) p. 601.
141 Steven F. Hayward, *Churchill on Leadership* (New York: Gramercy Books, 2004) p. 115.
142 Winston Churchill, *The Second World War, Volume II, Their Finest Hour* (New York: Houghton Mifflin Company, 1949) p. 24.
143 Celia Sandys and Jonathan Littman, *We Shall Not Fail* (New York: Portfolio, 2003) p. 174-175.
144 Celia Sandys and Jonathan Littman, *We Shall Not Fail* (New York: Portfolio, 2003) p. 151.
145 Celia Sandys and Jonathan Littman, *We Shall Not Fail* (New York: Portfolio, 2003) p. 249, 179-180.
146 Winston Churchill, *The Second World War, Volume III, The Grand Alliance* (New York: Houghton Mifflin Company, 1950) p. 332.
147 Celia Sandys and Jonathan Littman, *We Shall Not Fail* (New York: Portfolio, 2003) p. 173-174.
148 Winston Spencer Churchill, *Never Give In! The Best of Winston Churchill's Speeches* (New York, Hyperion, 2003) p. 389-390.
149 Hyrum W. Smith, *What Matters Most* (New York: Simon & Schuster, 2000) p. 33-37.
150 Dale Carnegie, *How to Win Friends and Influence People* (New York: Pocket Books, 1982) p. xiv.
151 Dale Carnegie, *How to Win Friends and Influence People* (New York: Pocket Books, 1982) p. 75-83.
152 Buddha.
153 Proverbs 18:13, King James Version.
154 Napoleon Hill, *Napoleon Hill's Keys to Success* (New York: Plume, 1997) p. 154.
155 Napoleon Hill, *Napoleon Hill's Keys to Success* (New York: Plume, 1997) p. 155.
156 Blain Lee, *The Power Principle* (New York: Simon & Schuster, 1997) p. 132.

157 Jack Canfield and Mark Victor Hansen, *Chicken Soup for the Soul* (Deerfield Beach, FL: Health Communications 1993) p. 17-18.
158 Lou Tice, *Personal Coaching for Results* (Nashville: Nelson, 1997) p. 93.
159 Napoleon Hill, *Keys to Success* (New York: Penguin, 1994) p. 1.
160 Neal Gabler, *Walt Disney* (New York: Alfred A. Knopf, 2006) p. 71.
161 Marc Eliot, *Walt Disney* (Andre Deutsch Ltd, 1995) p. 23.
162 Bob Thomas, *Building a Company: Roy O. Disney and the Creation of an Entertainment Empire* (New York: Hyperion, 1998) p. 53.
163 Neal Gabler, *Walt Disney* (New York: Alfred A. Knopf, 2006) p. 213.
164 Pat Williams, Jim Denney, *How to Be Like Walt* (Deerfield Beach, FL: HCI, 2004) p. 110.
165 James Collins, Jerry I. Porras, *Built to Last* (New York: Harper Collins, 2002) p. 100-101.
166 Pat Williams, Jim Denney, *How to Be Like Walt* (Deerfield Beach, FL: HCI, 2004) p. 112.
167 Pat Williams, Jim Denney, *How to Be Like Walt* (Deerfield Beach, FL: HCI, 2004) p. 111.
168 James Collins, Jerry I. Porras, *Built to Last* (New York: Harper Collins, 2002) p. 100-101.
169 Pat Williams, Jim Denney, *How to Be Like Walt* (Deerfield Beach, FL: HCI, 2004) p. 116.
170 Pat Williams, Jim Denney, *How to Be Like Walt* (Deerfield Beach, FL: HCI, 2004) p. 120.
171 Retrieved August 11, 2009 from http://www.boxofficemojo.com/alltime/adjusted.htm.
172 Pat Williams, Jim Denney, *How to Be Like Walt* (Deerfield Beach, FL: HCI, 2004) p. 187.
173 Daniel Gross, *Forbes Greatest Business Stories of All Times* (New York: John Wiley & Sons, 1996) p. 137.
174 Neal Gabler, *Walt Disney* (New York: Alfred A. Knopf, 2006) p. 501.
175 Neal Gabler, *Walt Disney* (New York: Alfred A. Knopf, 2006) p. 524.
176 James Collins, Jerry I. Porras, *Built to Last* (New York: Harper Collins, 2002) p. 39.
177 Pat Williams, Jim Denney, *How to Be Like Walt* (Deerfield Beach, FL: HCI, 2004) p. 124.
178 Herb Miller, *Money Is Everything* (Nashville, TN: Discipleship Resources, 1994) p. 19.
179 Vishnu Karmaker and Thomas Whitney, *Mental Mechanics of Archery* (Littleton, CO: Center Vision, Inc., 2006) p. 7.
180 Rich DeVos, Billionaire, Owner of the Orlando Magic.
181 Jon M. Huntsman, Sr., *Business with Integrity* (Provo, UT: Brigham Young University Press, 2005) p. 94.
182 Colin Powell.
183 David J. Schwartz, *The Magic of Thinking Big* (New York: Simon and Schuster, 1959) p. 204.
184 Anthony Robbins, *Unlimited Power* (New York: Fireside, 1997) p. 113–114.
185 Wilbur Wright, Orville Wright, Octave Chanute, and Marvin Wilks McFarland, *The Papers of Wilbur and Orville Wright: 1899-1905* (McGraw-Hill, 1953) p. 75.
186 Stephen M.R. Covey, *The Speed of Trust*, (New York: Free Press, 2006) p. 109.
187 Sam Walton, *Sam Walton* (New York: Doubleday, 1992) p. 30-31.
188 Daniel Gross, *Forbes Greatest Business Stories of All Times* (New York: John Wiley & Sons, 1996) p. 123.
189 Jacob Wassermann, *Columbus, Don Quixote of the Seas* (Boston: Little, Brown and Co., 1930) p. 19–20.
190 William D. Phillips, Jr. and Carla Rahn Phillips, *The Worlds of Christopher Columbus* (New York: Cambridge University Press, 1992) p. 152–153.
191 Anthony Robbins, *Unlimited Power* (New York: Simon & Schuster, 1986) p. 14.
192 Abraham Lincoln, Charles W. Moores (Editor), *Lincoln Addresses and Letters* (New York: American Book Company, 1914.
193 C.S. Lewis, *Mere Christianity* (New York: Simon & Schuster, 1996) p. 166.
194 Henry David Thoreau, *Thoreau's Thoughts* (Boston: Houghton, Mifflin and Company, 1890) p. 11.
195 Alonzo Rothschild, *Honest Abe* (Boston and New York: Houghton Mifflin Company, 1917) p. 222-224.

रेखांकनों / चित्रों का श्रेय

लेखक के बारे में

कॅमेरॉन सी. टेलर ने मॅरिएट स्कूल ऑफ बिजनेस से विशेष योग्यताओं के साथ स्नातक की पदवी पाई थी. वे अनेकों पुस्तकों के लेखक हैं जिनमें *क्या आपके थैले में छेद हैं ? 24 तथ्य जो आपको आर्थिक एवं आध्यात्मिक स्वाधीनता की ओर ले जाएँगे*, *महान् व्यक्तियों की सफलता के 8 विशेष गुण* तथा *सुविज्ञता की मार्ग-दर्शक पुस्तिका का वर्णन* जैसी सुप्रसिद्ध प्रस्तकें भी शामिल हैं ! वे अनेकों संस्थानों के संस्थापक एवं अध्यक्ष हैं जिनमें क्या आपके थैले में छेद हैं ? संस्था भी है. उनकी उपलब्धियों में 23 वर्ष की अल्प उम्र में प्रकाशित लेखक बनना भी आता है और साथ ही 27 वर्ष की वय में मल्टी-मिलियन डॉलर-कम्पनी को संस्थापित करना, जिसकी वार्षिक आय 30 वर्ष का होते-होते 10 मिलियन डॉलर वार्षिक हो गई थी. कॅमरॉन स्वेच्छा से धर्म-प्रचारक स्वयंसेवक भी थे. उन्हें "अनुकरणीय प्रतिष्ठा, सत्यनिष्ठा एवं वचनबद्धता" के लिए *सर्कल ऑफ ऑनर एवार्ड* भी प्रदान किया गया था. कॅमेरॉन रॉकी माउण्टेन्स में अपनी पत्नी पावला और तीन सन्तानों मिचेल, कॅनेडी तथा ईनॉच के साथ रहते हैं.

क्या आपके थैले में छेद हैं ? संस्था™

पुस्तक से अर्जित सभी राशि क्या आपके थैले में छेद हैं ? संस्था को जाती है. संस्था अलाभकारी शैक्षणिक धर्मादाय संस्थान है जिसका उद्देश्य विश्व को शिक्षा एवं स्वाधीनता के सिद्धान्तों को सिखाना है. संस्था इस उद्देश्य को पुस्तकों के प्रकाशनों, सम्मेलनों और व्यावसायिक संस्थानों, विश्व-विद्यालयों, चर्चों, सहकारिता समुदायों आदि के माध्यमों से प्राप्त करने का प्रयास करती है. सारी आय और लाभ इसी फाउंडेशन के उद्देश्यों को बढ़ाने तथा अन्य मानवीय उत्थान के कार्यों में लगाए जाते हैं.

क्या आपके थैले में छेद हैं ? संस्थान

428 ई, थंडरबर्ड रोड, #504 फॉनिक्स, AZ 85022

फोन : 1-877-664-6537 • फेक्स : 1-480-393-4432

Service@DoesYourBagHaveHoles.org

www. DoesYourBagHaveHoles.org